HOMELIE XLI.

SUR

LA PARABOLE

DES DIX VIERGES.

Par Monsieur le Curé de Saint Sulpice de Paris.

A PARIS,

Chez RAYMOND MAZIERES, ruë Saint Jacques; prés la ruë de la Parcheminerie, à la Providence.

M. DCCXII.

Avec Approbation, & Privilege du Roy.

TEXTE

DU SAINT EVANGILE

SELON

SAINT MATHIEU.

EN ce temps-là, Jesus dit à ses Disciples cette Parabole : Alors le Royaume des Cieux sera semblable à dix Vierges, qui prenant leurs lampes, sortirent & s'en allerent au-devant de l'Epoux, & de l'Epouse. Or il y en avoit cinq d'entre elles qui étoient folles, & il y en avoit cinq qui étoient sages : les cinq qui étoient folles prirent leurs lampes, mais ne prirent point d'huile avec elles ; les sages au contraire prirent de l'huile dans leurs vases avec leurs lampes. L'Epoux tardant à venir, elles s'assoupirent toutes & s'endormirent. Sur le minuit, on entendit un grand cri : Voicy l'Epoux qui vient, allez au-devant de luy. Pour lors toutes ces Vierges se leverent, & préparerent leurs lampes ; mais les folles dirent aux sages : Donnez-nous de vôtre huile, parce que nos lampes s'éteignent. Les ſages leur répondirent, de peur quece que nous en avons ne ſuffiſe pas pour vous & pour nous, allez plûtôt à ceux qui en vendent, & achetez-en pour vous: mais pendant qu'elles alloient en acheter, l'Epoux vint, & celles qui étoient préparées entrerent avec luy aux nopces, & la porte fut fermée: en dernier lieu les autres Vierges vinrent auſſi, diſant, Seigneur, Seigneur, ouvrez-nous; mais il leur dit: En verité, je vous le declare, je ne vous connois pas. Veillez donc, parce que vous ne ſçavez ny le jour ny l'heure. *S. Math. Chap. 25. v. 1.*

Dum autem irent emere venit Sponsus.

Mat. C. 25.

Ecce Sponsus venit exite obviam ei.

G. Scotin maior Sculp.

HOMELIE
SUR
LA PARABOLE DES DIX VIERGES.

QUoyque, ſelon les Interpretes, ce qui précede, auſſi bien que ce qui ſuit la Parabole d'aujourd'huy, montre aſſez qu'elle fut proferée dans le deſſein d'obliger les Fidéles en general à ſe tenir toûjours prêts pour recevoir le ſouverain Juge, quand à l'heure de la mort il viendra fraper à leur porte ; il eſt neanmoins viſible, dit ſaint Chryſoſtome, qu'elle regarde particulierement les Vierges, dont il n'eſt pas permis de croire que le nom ait été mis ici ſans deſſein, par celuy qui ne dit rien ſans raiſon : *Non ſimpliciter qualemcumque perſonam poſuit, ſed Virginibus, hanc Parabolam accommodavit (Chriſtus,)* & ſur tout celles qui retirées du monde vivent en com- *Hic.*

munauté, ce que leur assemblée nombreuse dans la même maison, leurs lampes allumées, leur attente du celeste Epoux, & leur closture, *clausa est janua*, insinuënt assez.

Cependant on ne doit pas se persuader, dit saint Augustin, qu'il faille prendre ici le nombre de dix à la lettre, & comme un nombre fixe, ni même le restreindre aux seules Vierges qui vivent dans les Monasteres, & que nous appellons Moniales, ou Religieuses: *Non mihi videtur ista Parabola vel similitudo, ad eas solas pertinere propriâ & excellentiori sanctitate Virgines, quæ in Ecclesia nominantur, quas etiam usitatiori vocabulo sanctimoniales appellare consuevimus*; & nous devons penser au contraire, que cela doit s'étendre à toutes les personnes du sexe, qui dans l'Eglise consacrent à Dieu leur virginité: *Absit enim ut tanta Virginum multitudo ad tam exiguum numerum revocetur, sed nisi fallor, hæc similitudo ad universam Ecclesiam pertinet*; puisque même le nombre de dix, selon saint Jerôme, est un symbole de multitude, & d'universalité: *Numerus denarius multitudinis, & universitatis symbolum.* Il en est ainsi, ajoûte ailleurs saint Augustin, du nombre de douze par rapport aux Apôtres, puisqu'il s'étend à tous ceux qui dans la suite des temps, & à leur imitation, ont tout quitté pour suivre Jesus-Christ: *Quia enim duodenario sæpe numero solet in scripturis universitas designari; per duodecim sedes Apostolorum omnium numerositas judicantium, qui ad exemplum Apostolorum sua reliquerunt omnia, & secuti sunt Christum, debet intelligi.* De cette sorte l'universalité des hommes Apostoliques se trouve compriſe dans le nombre de *douze*, comme l'univerſalité des Vierges ſe trouve renfermée ſous le nombre de *dix* : ne peut-on pas même dire que cela nous eſt repreſenté dans l'Evangile par cette mere de famille vigilante & pieuſe, laquelle conſervant dix drachmes précieuſes ſous la clef, & en ayant perdu malheureuſement une, la cherche par toute ſa maiſon la lampe allumée à la main, & n'obmet rien pour la recouvrer : *Quæ mulier habens drachmas decem, &c.* Or ce nombre de dix conſacré pour ſignifier ici en general la ſocieté des Vierges, qui ſont dans l'Egliſe, nous apprend combien leur état approche en dignité & en ſainteté de celuy des Apôtres figuré par le nombre de douze, puiſqu'il n'en eſt diſtant que de deux degrez, & qu'elles ſont, pour s'exprimer avec ſaint Cyprien, la plus illuſtre portion du troupeau de J. C. *Illuſtrior portio gregis Chriſti*, & par conſequent celles qui ſont le plus immediatement unies à ce bon Paſteur, & les plus tendrement aimées de luy-même, vû qu'elles portent la qualité de ſes épouſes, & que la virginité à qui le martyre ſeul pourroit diſputer le premier rang, tire moins de gloire pour ſe trouver dans les martyrs, qu'elle n'en tire parce qu'elle fait elle-même des martyrs, & qu'elle éprouve le fidele par un genre de martyre, moins cruel à la verité que le martyre de ſang, mais non moins difficile à ſoûtenir par les longs & importuns combats, où ſa conſervation engage neceſſairement, & par les frequentes victoires qu'il faut ſans ceſſe remporter ſur ſoy-même : *Laudabilis Virginitas, non quia in martyribus invenitur, ſed quia ipſa martyres facit*, dit ſaint Ambroiſe, *genus martyrii horrore quidem mitius*, *ſed diuturnitate moleſtius*; à quoy Tertullien ajoûte que c'eſt un moindre martyre de mourir une fois pour la chaſteté, que de vivre long-tems avec elle: *Majus eſt in caſtitate vivere*, *quàm pro ea mori*, & qu'elle n'a point de plus grands admirateurs que ceux qui l'ont attaquée ſans l'avoir vaincuë: *Venerabilis etiam hoſtibus ſuis*: & c'eſt auſſi ce que pratiquent celles qui s'enrollent dans cette ſacrée milice, leſquelles on voit, quoique revêtuës de la robe d'innocence, qu'elles ont toûjours conſervée, offrir continuellement en ſacrifice leur eſprit, leur volonté, leur chair; ſe conſumer avec joye dans les exercices de la plus auſtere penitence, ſe priver de tous les plaiſirs qui flatent les ſens; & s'immoler tous les jours à celuy, qui tous les jours s'immole pour elles. Caſſien rapporte à ce ſujet, qu'un Jardinier étant un jour venu trouver l'Abbé Jean, pour luy offrir quelques legumes, il ſe rencontra qu'on avoit amené à ce ſaint Religieux un Energumene tourmenté par un Demon furieux, qui mépriſant les exorciſmes & les menaces de ce venerable Abbé, proteſtoit qu'il ne s'en iroit point en vertu de ſes abjurations ni de ſes commandemens: *Qui Abbatis Joannis obteſtationes & præcepta deſpiciens*, *teſtabatur ſe numquam ad illius imperium de corpore quod obſederat migraturum*. Mais à l'entrée de ce pauvre Jardinier, cet eſprit malin paroiſſant effrayé, & le nommant reſpectueuſement par ſon nom, abandonna le corps du poſſedé: *Diſceſſit*; l'Abbé tout ſurpris d'une telle grace dans un homme qui ne paroiſſoit eſtre qu'un qu'un rustique le prit à part, & l'engagea de luy découvrir son interieur, ce que ce Jardinier fit, luy déclarant parmi ses pratiques de pieté convenables à sa profession, qu'il ne faisoit d'ailleurs aucun bien: il luy avoüa seulement que depuis onze ans qu'il estoit marié, il avoit vêcu avec sa femme dans une parfaite continence, ainsi qu'un frere avec sa sœur, ne se regardant que comme le gardien de la virginité de son épouse: *Sororis loco à se virginem custodiri testabatur*; ce que le saint Abbé ayant appris, ravi d'admiration, ne put s'empêcher de s'écrier publiquement, qu'aprés cela, il ne falloit pas s'étonner si le Demon avoit méprisé le commandement d'un solitaire vieux & glacé, & s'il n'avoit pû supporter la presence d'un jeune homme qui le brûloit, pour n'avoir pas luy même brûlé pendant onze ans au milieu des flammes: *Quod factum cùm audisset, senex tanta est admiratione permotus, ut publicè proclamaret, non immeritò dæmonem qui se despexerat illius non tolerasse præsentiam, cujus ipse virtutem in juventutis ardore, &c.* C'est donc à bon droit que l'Evangile, cette raison suprême, voulant nous parler de l'état des Vierges, qu'on peut dire estre les Cieux spirituels de l'Eglise, les renferme sous le nombre de dix: *Simile erit regnum cœlorum decem Virginibus*; nombre collectif, nombre symbole de la perfection, dit saint Gregoire: *Denario autem numero summa perfectionis exprimitur*; puisqu'en effet, les trois conseils Evangeliques que les Vierges font profession de garder inviolablement, ne surajoûtent rien aux dix commandemens, puisqu'ils n'en sont que le comble

Mor. 1. in c. Job.

& la perfection : d'où vient qu'un jeune Prince ayant dit à Nôtre-Seigneur, qu'il avoit gardé les dix commandemens dés sa tendre jeunesse, le Sauveur luy repliqua que s'il vouloit estre parfait, il devoit quitter tout & le suivre, ce que font les Vierges qui se consacrent à Dieu, lesquelles de l'observation des préceptes de la loy, s'élevent à la profession des conseils de l'Evangile. Venons aux paroles de nôtre Texte.

Premiere Consideration.

Comme toutes les paroles de l'Ecriture sont pleines de mysteres, & de raison, on ne doit pas legerement passer celles-cy, proferées par la verité même incarnée, qui nous dit, parlant de la fin du monde, qu'alors le Royaume des Cieux sera semblable à dix Vierges : *Tunc simile erit regnum Cœlorum decem Virginibus.* Expression remarquable, qui sans doute doit nous donner une grande & magnifique idée de l'état heureux des Vierges ; car nous lisons bien que le Royaume des Cieux d'apresent est semblable à un trésor caché, à un filet jetté dans la mer, à un Roy qui fait un festin ; mais ici où il est parlé du Royaume de Dieu à venir, nous lisons que cet admirable Royaume sera semblable à des Vierges qui brilleront alors avec tant de splendeur, de gloire, & de majesté, que le Ciel même, qui réunit en luy toutes les beautez visibles, tirera son éloge, non de ce que les Vierges luy seront semblables, mais de ce qu'il sera semblable aux Vierges : *Tunc simile erit regnum Cœlorum Virgini-*

bus, tant ces Cieux ſpirituels l'emporteront pardeſſus les corporels : c'eſt pourquoy, comme l'obſerve ſaint Thomas, on peut bien à la verité conſacrer pour Prelat celuy qui n'eſt pas Vierge, mais on ne peut conſacrer pour épouſe à l'Epoux celeſte, celle qui n'eſt pas Vierge, parce que, continuë ce grand Docteur, le premier eſt l'image de la ſainteté de l'Egliſe militante, & que la Vierge eſt l'image de l'Egliſe triomphante : *Quòd ille Eccleſiæ militantis ſanctitatem repræſentet, iſta triumphantis.* Et en effet, ne peut-on pas dire que la virginité met celle qui la poſſede parfaitement, au rang même des bienheureux, & tels qu'ils ſeront aprés la reſurrection, quand ils ſe trouveront revêtus d'un corps incorruptible ? Les enfans de ce ſiecle icy, dit le Sauveur, ſe marient, & ſont donnez en mariage, mais pour ceux qui ſeront jugez dignes d'avoir part à ce ſiecle avenir, & à la vie reſſuſcitée, ils ne ſe marieront pas, & ne ſeront pas donnez en mariage : *Neque nubent neque nubentur*; & n'eſt-ce pas l'état même preſent des vrayes Vierges ſur la terre, en attendant le plein jour de l'état lumineux, dont celuy-ci n'eſt que l'aurore ; car ce que les autres fidelles ſeront dans le Ciel aprés la reſurrection, les Vierges le ſont déja par avance ſur la terre, dit ſaint Jerôme : *Quod alii poſtea in Cœlis futuri ſunt, hoc Virgines in terra eſſe cœperunt.* De-là vient l'ancien uſage de l'Egliſe, de conſacrer les Vierges le jour de Pâques, au rapport de ſaint Ambroiſe : *Venit Paſchæ dies in quo toto orbe velantur Virgines*, & qui reprochant ailleurs à une Vierge folle, de s'eſtre laiſſée ſéduire, luy dit

Adver. 10. l. 1. p. 118.

p. 288.

qu'elle avoit oublié le saint jour de la resurrection auquel elle s'estoit presentée aux pieds des Autels pour y recevoir le voile sacré de la profession religieuse : *Non es memorata diei sanctæ Dominicæ resurrectionis in quâ divino altari te obtulisti velandam.* f. 309.

Ne peut-on pas de plus ajoûter que la Vierge participe à la dignité de l'Ange, puisque le Fils de Dieu dans cet endroit même, parlant des avantages de la vie ressucitée, où l'on ne se marie pas, ajoûte comme une suite & un prix de la virginité conservée, qu'on y est ainsi que des Anges, purs, spirituels, immortels, ainsi que ces substances immaterielles : *Sed sunt sicut Angeli Dei* ; surquoy saint Bernard observe que les Vierges, qui sont les Anges de la terre, ont un avantage pardessus les Anges du Ciel : *Major victoria est Virginum quàm Angelorum*, parce qu'aprés tout, les Anges du Ciel sont Vierges, il est vray, mais ils n'ont pas à combattre une chair toûjours fragile, & souvent rebelle, comme les Anges de la terre : *Angeli enim sine carne vivunt, homines verò in carne triumphant*, continuë ce Pere : L'Ange possede le tresor de la virginité, mais il ne le porte pas enveloppé dans la chair : *Angelus habet virginitatem, sed non habet carnem*, plus heureux en cela que fort & vertueux, *sanè felicior quàm fortior in hac parte*. Ah ! combien cet état est-il grand, est-il honorable, est-il élevé, puisqu'il peut donner de l'envie aux Anges mêmes ? *Optimus & optabilis valdè ornatus ille, qui & Angelis potest esse invidiosus ?* Combien est-il saint, puisqu'il est, dit saint Cyprien, la gloire de l'Eglise, le chef-d'œuvre de la grace, l'expression parfaite de la ſainteté de Dieu même : *Flos Eccleſiaſtici germinis, decus atque ornamentum gratiæ ſpiritualis, laudis atque honoris opus integrum, atque incorruptum, Dei imago reſpondens ad ſanctimoniam Dei* ; & par conſequent, combien eſt-il vray de dire, que le Royaume de Dieu ſera pour lors ſemblable à dix Vierges ? *Tunc ſimile erit regnum Cœlorum decem Virginibus.* Init.

Mais ce qui met le comble à l'excellence de la virginité, ce qui nous en découvre toute la prééminence, eſt l'eſtime que Marie, la plus éclairée des pures créatures, la plus favoriſée de la grace divine, en a fait, puiſqu'elle en a preferé la poſſeſſion & la conſervation inviolable à l'auguſte titre de Mere de Dieu, à la maternité divine ; qualité glorieuſe, & d'un merite comme infini, dit ſaint Thomas, parlant dans toute la rigueur de l'école, & qui ne reconnoît rien par cet endroit au deſſus d'elle, rien qui puiſſe eſtre créé de meilleur qu'elle : *Beata Virgo ex hoc quod eſt Mater Dei, habet quandam dignitatem infinitam ... & hâc parte, non poteſt aliquid fieri melius.*

Cependant quand l'Archange ſaint Gabriel commença par la ſalutation qu'il rendit de bouche à celle qui devoit eſtre la Mere du Sauveur du monde, à annoncer le myſtere du ſalut du monde, dont il portoit ſur les levres l'heureuſe nouvelle au monde, dit ſaint Auguſtin, *à ſalute incipit, qui ſalutem in lingua portavit*, & qu'il luy expoſa la gloire de l'enfant qu'elle mettroit au monde, qu'il ſeroit grand devant le Seigneur, qu'il ſeroit appellé le Fils du Tres-haut, qu'il s'aſſeoiroit ſur le Trône du Roy David ſon Pere, qu'il regneroit éternellement sur la maison de Jacob, que son regne n'auroit jamais de fin. Toutes ces magnifiques promesses n'éblouïssent point cette Vierge des Vierges : elle s'arrêta d'abord pour bien songer à ce qu'elle avoit à répondre, aimant mieux garder le silence que de parler inconsiderément, dit saint Bernard : *Mallens nimirum humiliter non respondere quàm temerè loqui quod nescisset.* Mais helas ! s'écrie ce Pere, qu'attendez-vous, ô Vierge heureuse, à donner une réponse favorable, que le Ciel & la Terre depuis quatre mille ans attendent, & d'où dépend le salut du genre humain, cette redemption si annoncée, ce Sauveur si desiré des Nations, qui doit, si vous y consentez, estre conçû en vous, naître de vous, estre nourri de vous : *Da, Virgo, responsum, responde verbum, quod terra, quod inferi, quod expectant & superi :* Toutes ces magnifiques promesses, toutes ces grandeurs offertes, n'éblouïssent point encore une fois une Vierge qui connoissoit tout le prix de la virginité, & elle déclara par sa réponse qu'elle ne vouloit point estre mere, s'il luy falloit cesser d'estre Vierge ; en un mot, dit saint Gregoire de Nisse, qu'elle préferoit la conservation de la sainte virginité, à la possession de la divine maternité, d'un merite comme infini : *Habens quandam dignitatem infinitam.* Que peut-on ajoûter à cela ? *Angelus partum nuntiavit, at illa virginitati inhæret, & integritatem Angelicæ demonstrationi anteponendam judicat.*

Ser. de Nat.

Réjoüissez-vous, Vierges de Jesus Christ, s'écrie icy saint Augustin, *exultate Virgines Christi* ; vous estes aſſociées au ſort heureux de la mere de Jeſus-Chriſt, *conſors veſtra mater eſt Chriſti*: Vous n'avez pû enfanter Jeſus-Chriſt, mais vous avez pû ne vouloir pas enfanter pour l'amour de Jeſus-Chriſt, *Chriſtum parere non parviſtis, ſed propter Chriſtum parere noluiſtis.* Jeſus-Chriſt n'eſt pas né de vous, mais il eſt né pour vous, *qui non ex vobis natùs eſt, vobis natus eſt*: Conſolez-vous de n'eſtre pas ſelon la chair fecondes, pouvant par vos larmes, vos prieres, vos bonnes œuvres, vos exemples, vos ſoins, envers les perſonnes de vôtre ſexe, devenir plus heureuſement fecondes ſelon l'eſprit, & reſſembler encore en cela à la tres-pure Vierge, & à la ſainte Egliſe, puiſqu'en l'une & en l'autre la virginité n'empêche pas le bonheur de la fecondité, & que la fecondité ne fait pas perdre la gloire de la virginité, dit ſaint Auguſtin: *In beata Virgine & Eccleſiâ, virginitas fecunditatem non impedit, in utraque fecunditas virginitatem non adimit.* Conſolez-vous donc encore une fois, ô Vier es pures & humbles, puiſque vous eſtes heureuſement fecondes ſelon l'eſprit, concevant ſans peché ceux dont vous deſirez la converſion par vos ſoûpirs, enfantant ſans douleur ceux que vous mettez au jour de la grace par vos larmes, nourriſſant ſans dépenſe ceux à qui vous conſervez la vie par vos exemples, *habet enim filios ſine partûs dolore Virginitas*, ajoûte ſaint Ambroiſe.

Ser. 16. de temp. c. 3.

1. c. de vir. c. 7. p. 288.

Mais voicy les diſpoſitions que doivent avoir celles qui deſirent ſe preſenter pour eſtre admiſes en une ſi ſainte ſocieté; voicy leur ornement, voicy leur parure, voicy leur gloire: Elles prennent leurs lampes, *accipientes lampades suas*; qu'elle est cette lampe que ces Vierges portent en leur main, sinon cette innocence baptismale conservée, ce flambeau allumé lors de leur regeneration spirituelle, & qui ne s'est pas encore obscurci par aucune noire vapeur sortie du limon de leur chair? Recevez, leur a dit l'Eglise par la bouche du Prestre qui les a baptisées, recevez cette lampe ardente, *accipe lampadem ardentem.* Conservez la grace de vôtre baptéme, menez une vie irreprehensible, & observez les commandemens du Seigneur: *Irreprehensibilis custodi baptismum tuum, serva Dei mandata*, afin que quand l'Epoux viendra pour la nôce, vous puissiez aller au devant de luy, & entrer en sa compagnie dans la Cour celeste, dans le sejour de la bienheureuse éternité: *Ut cùm Dominus ad nuptias venerit, possis ei occurrere in aula cœlesti in vitam æternam.* C'est ce qu'une Vierge doit avoir fait depuis le jour de son baptême, jusqu'à celuy auquel elle se presente au Ministre des Autels, pour estre de nouveau consacrée à Dieu, & admise à la vie religieuse, qui est comme un second baptesme; il faut qu'elle ait conservé sa virginité, c'est la lampe sans laquelle on ne la connoîtra pas pour estre digne de porter le nom d'épouse de Jesus-Christ: Seigneur, dit l'Evesque, dans la solemnelle consecration des Vierges, nous vous prions d'accorder à vos humbles servantes, que vous avez daigné gratifier du don glorieux de la virginité, la grace d'achever en elles l'ouvrage de leur sanctification, en les affermissant dans la resolution de devenir des temples sacrez, & des épouses fidelles de vôtre Fils

Fils bien aimé Jeſus-Chriſt Nôtre-Seigneur, & en les élevant au rang des Anges, quoi qu'encore au rang des mortels : *Da, quæſumus Domine, his famulabus tuis, quas virginitatis honore dignatus es decorare, inchoati operis conſummationem, & obſtrictas adhuc conditione mortalium, jam ad ſimilitudinem provehas Angelorum.* L'Egliſe ne preſente pour épouſes parfaites à Jesus-Chriſt que des Vierges, elle ne luy en offre point d'autres, ce ſont elles ſeules qui ſont favoriſées du privilege de s'élever ſur la montagne de Sion, de chanter un cantique nouveau qu'elles ſeules entendront, de ſuivre l'Agneau par tout où il va, & d'eſtre ſemblables à l'Egliſe, cette épouſe cherie, ſans rides anciennes & ſans taches nouvelles, parce que ſon Epoux de douleurs l'a lavée dans ſon ſang épanché, & étenduë en ſon corps crucifié : *Non habens maculam, neque rugam.*

Au reſte, il faut qu'une Vierge qui veut ſe conſacrer à Dieu, outre la conſervation de ſa pureté, qu'elle doit apporter comme la dot de ſon mariage ſpirituel, vienne encore embellie & parée des ornemens précieux d'une jeuneſſe cultivée par l'éclat des vertus, & par la pratique des bonnes œuvres, qui doivent l'avoir précedemment diſpoſée aux nôces ſpirituelles qu'elle veut contracter ; car c'eſt ce que ſignifient la lumiere & l'ardeur qui réjailliſſent des lampes que les Vierges prennent en leurs mains : *Quæ accipientes lampades ſuas* : Or, ne faire que briller par l'éclat ſeul de quelques pratiques d'une devotion exterieure, n'eſt ſouvent que vanité : *Solùm lucere vanum* ; ne faire que s'abandonner aux tendres mouvemens d'un amour interieur, est peu de chose encore, *solùm ardere parum*; mais reluire par une vie exemplaire en pieté, brûler par le zele d'une charité feconde en bonnes œuvres, c'est veritablement un grand ouvrage de sainteté, *lucere & ardere magnum*; c'est imiter parfaitement saint Jean-Baptiste, le martyr de la chasteté, & le modele des solitaires, que Jesus Christ appelle une lampe ardente & lumineuse, *lucerna ardens & lucens*; c'est-là se preparer dignement au sacrifice qu'une Vierge veut faire d'elle-mesme par son entrée en religion, c'est apporter comme Rebecca les riches pendans d'oreilles d'une obéissance amoureuse, & les brasselets précieux d'une vie vertueuse à son Epoux Isaac.

Tirons encore de nôtre Texte une nouvelle instruction. Ces Vierges prenant leurs lampes, sortent & vont au devant de l'Epoux & de l'Epouse; car il appartient à celles, qui par leur état, sont les plus vertueuses, les plus parfaites, les plus exemplaires, de marcher les premieres dans le chemin du Ciel, & d'éclairer les autres, ce qui sans doute est l'office d'une prudence & d'une circonspection telle qu'il convient à une Vierge, & qui fait son caractere essentiel, *exierunt obviam sponso, & sponsæ*. Mais d'où sortent-elles? *exierunt*: & quand sortent-elles? car cette sortie ici n'est pas la même que celle dont il sera parlé à la fin de nôtre Evangile, puisqu'en celle-cy ce sont les Vierges qui sortent, *exierunt*, & qu'en celle-là, c'est l'Epoux qui vient, *ecce sponsus venit*: D'où sortent-elles donc? écoûtons là-dessus saint Chrysoſtome ; eſt-ce de cette vie , lorſque leur derniere heure eſt arrivée , lorſqu'on prononce l'arreſt de leur mort, lorſque les Anges arrivent pour enlever leur ame ? point du tout , *nequaquam* , ce n'eſt pas alors, dit ce Pere : Quand donc eſt-ce qu'elles ſortent ? *ſed quando tandem exierunt ?* le voicy; c'eſt lorſque touchées du Seigneur, & du deſir d'une vie ſainte , elles diſent adieu au monde : quand frapées d'une crainte ſalutaire, elles choiſiſſent la voye étroite qui conduit à la vie : *Quandò per arctam, & anguſtam viam incedere ſtatuerunt, &c.* Quand elles ont reſolu de ne jamais ſonger aux nôces de la terre, quand elles ont du goût pour la retraite, le jeûne, la penitence, le ſilence, le recueillement, qu'elles mépriſent les delices de cette vie periſſable : *Quandò ſe nuptiarum legibus non obſtrinxerunt, cùm voluptates vitæ neglexerunt, &c,* Quand elles renoncent à la vie voluptueuſe, ſenſuelle, molle : c'eſt quand leur cœur eſt embraſé d'amour pour le celeſte Epoux, qu'elles ſoûpirent aprés le Royaume à venir, qu'elles banniſſent de leur eſprit tous les ſoins, & toutes les ſollicitudes du ſiecle preſent : *Cùm ſancti ſponſi amore arſerunt, cùm regni pulchritudinem deſiderarunt, cùm omnem curam vitæ ſæcularis abjeceruut, &c.* C'eſt quand elles ſortent du monde, & de leur maiſon paternelle, & qu'elles viennent leurs lampes à la main, revêtuës de ces heureuſes diſpoſitions, ſe preſenter à la porte de la maiſon de l'Epoux, à la porte du Monaſtere des autres Vierges leurs ſemblables, pour y eſtre reçûës en qualité de pretendantes à la Couronne de la virginité : *Tunc ſimile erit regnum cœlorum decem Virginibus, quæ accipientes lampades suas exierunt obviam sponso & sponsæ.* C'est quand elles écoûtent avec docilité, soumission, respect, ces paroles du Prophete: Ouvrez les yeux, ma fille, pour contempler la gloire de l'Epoux que vous choisissez, *audi filia & vide*; ayez l'oreille attentive aux paroles de vie qui sortent de sa bouche, *& inclina aurem tuam*; & toute occupée de sa grandeur & de sa sagesse, oubliez vôtre peuple, & la maison de vôtre pere, *oblivisceré populum tuum, & domum patris tui*; car pour lors le Roy des Rois épris de vôtre beauté interieure, vous comblera d'honneur & de gloire, *& concupiscet Rex decorem tuum*; il vous apprendra qu'il est vôtre Seigneur & vôtre Dieu, qu'il est celuy que les peuples adoreront à jamais, & qu'étant son épouse vous aurez part à son triomphe: *Quoniam ipse est Dominus Deus tuus, & adorabunt eum*: Telle sera la récompense des Vierges, sur tout de celles qui non seulement sortent & du monde & de leur patrie, & de leur maison paternelle pour aller au devant de l'Epoux, *exierunt obviam sponso*, & se presenter à la religion, mais deplus qui sortent hors d'elles mêmes en renonçant à leur jugement, à leur volonté, à leur vanité, à leur amour propre, au desir d'estre aimées, estimées, caressées, flatées, honorées, préferées, & deviennent semblables au saint Patriarche Abraham que Dieu voulut rendre un modele de perfection, & auquel aprés luy avoir fait abandonner les biens, les plaisirs, & les douceurs qu'il eût pû trouver dans son païs, & dans sa famille, il inspira le zele de se quitter luy-même; ce que doit faire une Vierge qui prétend à la perfection,

& ſe conſacrer au Dieu des vertus, ſelon la remarque de ſaint Ambroiſe : *Conſideremus ne fortè exire de terrâ ſus hoc ſit de corporis noſtri quadam commemoratione egredi, de quâ exivit Paulus, qui dixit : Noſtra autem converſatio in Cœlis eſt. . . . . ergo exire de converſatione terrenâ & ſæcularibus oblectamentis & ſuperioribus vitæ moribus, atque actibus debemus, ut non ſolùm loca, ſed etiam noſmetipſos mutemus.* C'eſt avec ces bons ſentimens que ces Vierges prudentes ſortent du monde, & ſont reçûës dans la maiſon de l'Epoux : *Simile erit regnum Cœlorum decem Virginibus, quæ exierunt obviam ſponſo & ſponſæ.* Voyons leur conduite dans ce lieu de ſainteté, dans cette communauté d'épouſes du Seigneur.

SECONDE CONSIDERATION.

La ſeconde obſervation que l'Evangile nous donne lieu de faire, eſt que de ces dix Vierges, il y en avoit cinq qui eſtoient *folles*, & cinq qui eſtoient *ſages : Quinque autem ex eis erant fatuæ, & quinque prudentes.* Choſe ſurprenante & remarquable, les cinq premieres eſtoient veritablement Vierges, auſſi-bien que les cinq autres : *Utræque tamen Virgines*, dit ſaint Auguſtin, elles avoient à la main leurs lampes allumées, ſymbole de leur ferveur, de leur charité, de leur pieté ; leur intention eſtoit droite, elles alloient au devant de l'Epoux ; leur vocation legitime, & ſans doute inſpirée de celuy qui les attiroit à luy, ſans quoi elles n'auroient pas eſté au devant de luy ; leur deſſein ne pouvoit eſtre meilleur, c'eſtoit d'aller ſe renfermer dans une maiſon deſtinée pour y attendre, & ſe préparer à l'avenement de ce celeſte Epoux. Comme elles ſont nommées les premieres dans l'Ordre de l'Evangile, n'eſt-ce pas, peut-eſtre, un ſigne que dans ces commencemens elles précedoient d'abord en zele & en devotion, celles qui ſont nommées ſages, & qui n'y tiennent que le ſecond rang? *Quinque autem ex eis erant fatuæ, & quinque prudentes.* Mais, Helas! combien ces eſperances furent elles vaines? au lieu de ſe laver dans cette retraite, comme dans un bain ſalutaire, de leurs défauts, & de leurs imperfections, ainſi que des épouſes deſtinées au vray Aſſuerus; au lieu de travailler à s'embellir par la pratique des vertus, afin de ſe rendre agréables aux yeux de cet Epoux celeſte, qui devoit bien tôt arriver, & de meriter d'eſtre reçûës de luy avec amour, elles y devinrent des eſprits legers, inquiets, curieux; des filles imprudentes, inconſiderées, diſſipées, ſans arreſt, ſans reflexion, ſans jugement: négligentes, deſobéïſſantes, mépriſantes, n'ayant nul ſcrupule des petites fautes, ſçandaliſant leurs compagnes, rejettant les bons conſeils, & les reprehenſions de leurs anciennes, s'abandonnant au babil, à la vaine gloire, à l'amour d'elles-mêmes, aux antipaties, & aux amitiez particulieres, ſe contentant de conſerver leur virginité, de ne pas ſe laiſſer aller aux inclinations charnelles, à la luxure, à la gourmandiſe, & aux autres paſſions qui nous ſont communes avec les bêtes, & de ſe livrer cependant aux vices qui nous ſont communs avec les Demons, à l'orgueil, à l'envie, à la jalouſie, à la haine, à la médiſance, n'ayant ni le pur amour de Dieu, ni le vray amour du prochain; dégoûtées de la penitence, du jeûne, de la priere : ſe relâchant de jour en jour, menant une vie tiede & languiſſante, & laiſſant ainſi leurs lampes s'eteindre inſenſiblement, comme elles-mêmes le reconnurent, mais trop tard, *quia lampades noſtræ extinguntur.* En un mot, devenant de jour en jour de vrayes Vierges folles, de vrayes filles inſenſées, qui obſcurciſſoient en elles les lumieres de la ſageſſe divine, auprés de laquelle toute autre prudence n'eſt que folie. Peut-on en voir une plus grande ? car il ne faut pas s'imaginer qu'on prenne icy le mot de folles pour des perſonnes alienées, qui ayent perdu l'uſage de la raiſon humaine : la demande qu'elles firent aux Vierges ſages de leur donner de l'huile, leur ſortie pour en aller acheter, leur retour pour rentrer dans la maiſon de l'Epoux, leur inſtance afin qu'on leur en r'ouvrît la porte, tout cela montre aſſez qu'elles avoient leur bon ſens naturel; mais elles ſont appellées folles, parce qu'elles ſe contenterent d'eſtre Vierges de corps, & non Vierges d'eſprit; elles ſe contenterent d'eſtre Vierges, ſans vouloir eſtre vertueuſes; elles ne ſe propoſerent aucune fin dans leur entrepriſe, ce que doit toûjours faire une perſonne ſage dans ſes moindres deſſeins, à plus forte raiſon dans celuy de ravir le Ciel; elles ne ſe ſervirent d'aucun moyen pour y arriver; nulle d'entr'elles ne ſe dit à elle-même cette parole celebre d'un Solitaire : Arſene, Arſene, qu'es-tu venu faire icy? *Arſeni, Arſeni, ad quid venisti?* Elles avoient acheté au prix des biens, des honneurs & des plaisirs, quoique passagers, que le monde leur avoit offert, ce riche champ où estoit caché le trésor Evangelique, les consolations celestes, le bonheur éternel, & elles ne possedoient cependant ni les biens de ce monde, ausquels elles avoient renoncé, pour se renfermer dans la maison de l'Epoux, ni les biens de l'autre qu'elles perdoient miserablement par leur non-chalance; elles n'avoient ni le champ acheté, ni le prix par elles donné. Quel malheur! avoir vendu tout ce qu'elles possedoient pour acquerir la perle du negociant de l'Evangile, la couronne d'une récompense immortelle, & se voir privées & de cette pierre précieuse si cherement achetées du prix qu'elles en avoient donné pour la posseder: & des heritages temporels, & des heritages spirituels, & des consolations humaines, & des consolations divines, boire dans le torrent bourbeux de la vie penible qu'elles menoient, & ne devoir pas lever un jour la teste dans la celeste patrie qu'elles cherchoient; marchant dans le chemin étroit qui ne devoit pas les conduire à la vie, n'estoit-ce pas une vraye folie, n'estoit ce pas estre des Vierges folles? Elles éteignoient en elles peu à peu la lampe de la grace presente, & avec elle l'esperance de la gloire future: Quel déplorable aveuglement! des Vierges retirées dans une Communauté reguliere peuvent-elles commettre des extravagances qui les rendent plus dignes d'estre excluës de la maison de leur époux? ni qui marquent davantage un renversement

ment de raison & de bon sens, ni qui leur attire à plus juste titre le nom ignominieux de folles : *Quinque ex eis erant fatuæ* ; & seront-ce des personnes folles, dont la sagesse éternelle peuplera son Royaume ? *Numquid stultis daturus est Deus Regnum cælorum*, dit saint Augustin. Cette importante verité nous est admirablement representée dans la mysterieuse onction de Saül & de David, selon saint Gregoire : car le Prophete Samuël pour oindre Saül ne se servit que d'un peu d'huile qu'il avoit dans une petite phiole, & répandit ce peu d'huile sur la teste de Saül : *Tulit autem Samuel lenticulam olei, & effudit super caput ejus* : Mais quand il s'agit de l'onction de David, le Prophete remplit un grand vaisseau d'huile qu'il répandit en abondance sur la teste de ce saint Roy : *E contra autem cùm David Rex ungi præcipitur, eidem Prophetæ Dominus ait, imple cornu tuum oleo.* Ces deux differentes onctions présageoient deux choses differentes, continuë cet éclairé Pontife ; l'une, que la lampe de la pieté s'éteindroit dans l'insensé Saül, ayant si peu d'huile : *Stultè egisti*, luy dit le Prophete ; l'autre, que la lampe du sage David brûleroit toûjours, ayant de l'huile en abondance : *Lenticulâ Saül ungitur, ad exprimenda futura, lenticula parvum est vas ; quid ergo est quod lenticula olei Saül ungitur, nisi quia in fine reprobatur ?* C'est ce que l'on peut dire des Vierges folles ; elles avoient au commencement de leur consecration quelque peu d'huile dans leur lampe, quelque peu de dévotion dans le cœur ; mais elles n'en avoient pas la plenitude : *Quemdam namque affectum pietatis habebant, sed ple-*

nitudinem non habebant, dit encore saint Gregoire, ou, comme s'exprime saint Chrysostome : *Habebant enim Virgines fatuæ oleum, sed non copiosè*. Et au contraire les Vierges prudentes avoient dès le commencement de leur consecration une telle abondance d'huile, qu'elles en remplirent & leurs lampes & un vaisseau qu'elles portoient avec elles, pour en verser dans leurs lampes en cas de besoin : *Prudentes verò acceperunt oleum in vasis suis cum lampadibus.*

En effet, rien ne marque mieux l'inconsideration de ces Vierges folles, que de n'avoir pas pris assez d'huile pour conserver le feu de leurs lampes jusqu'à la venue de l'Epoux : ces imprudentes voulurent se persuader legerement qu'il arriveroit bien-tôt, & qu'elles auroient de l'huile de reste : *Sed quinque fatuæ acceptis lampadibus non sumpserunt oleum secum.* Quelle folie dans une chose de cette consequence ! elles ne mirent point d'huile dans un vase à part pour entretenir cette liqueur dans leurs lampes quand celle qui y estoit seroit consumée ; c'est-à-dire, qu'elles ne firent point un fonds de vertu, de pieté, de sainteté dans leur cœur assez suffisant pour y entretenir le feu de la charité, lorsque la premiere ferveur de leur devotion seroit ralentie, que le temps des tentations, des dégoûts, & des secheresses spirituelles seroit arrivé : quand il faudroit perseverer malgré la soustraction des graces sensibles, resister à de fortes suggestions, & à des efforts d'un ennemi violent & artificieux, qu'il faudroit s'abstenir de tout livre curieux, suspect, deffendu, n'entrer dans aucune dispute, cabale, parti, fuir tout commerce avec les Novateurs, qui toûjours ſous pretexte d'une plus grande reforme, diviſent les Fideles : ſe ſoûtenir dans des occaſions dangereuſes où l'objet exterieur, & le ſoulevement interieur s'uniſſent enſemble comme de concert pour nous abattre, ainſi qu'il arriva malheureuſement à ces imprudentes, faute d'avoir fait de longue main un reſervoir ſacré de force & de vertu capable de tenir bon contre ces violentes ſecouſſes ; de ſorte que ſemblables à ce grain de l'Evangile tombé dans un fonds pierreux où la ſemence ne jette pas aſſez avant ſes racines, & ne tire pas aſſez de ſuc, aprés avoir d'abord fleuri & produit de beaux & grands épics, aprés avoir donné de belles eſperances par l'éclat d'une ferveur naiſſante, & d'un beau naturel porté à la vertu, dont tout le monde étoit charmé, elles viennent enfin à ſe fletrir & à ſe ſecher : *Aliud verò cecidit ſuper petroſa, ubi non habuit terram multam, & exaruit.* Ces inconſtantes avoient reçû les premieres inſtructions de la vie monaſtique avec joye : *Cum gaudio recipiunt illud.* Mais l'ardeur de la convoitiſe s'étant accruë avec le dégoût des exercices ſpirituels, elles tournent la teſte & ſe retirent : *In tempore tentationis recedunt.* Semblables encore à cet homme imprudent de l'Evangile, ces Vierges folles bâtirent leur édifice ſpirituel ſur le ſable mouvant de leur inconſtance & de leur humeur ; aujourd'huy recueillies, demain diſſipées ; aujourd'huy fidelles à leurs devoirs, à leurs exercices ſpirituels, à la pratique de l'Oraiſon, du ſilence, de l'obéïſſance, de la mortification ; & demain indevotes, curieuſes, relâchées, negligentes, paresseuses, opiniâtres, rebelles, ne s'asujettissant à rien, & donnant toute liberté à leurs sens : Pourquoy donc s'étonner si ayant bâti leur maison sur une terre mouvante, & la pluye étant venuë à tomber, les fleuves a se déborder, & les vents à souffler, leur miserable édifice tombe par terre, & si la ruine en est grande, ayant manqué par les fondemens? *Et facta est ruina domûs illius magna.*

Les Vierges sages au contraire eurent toûjours soin d'entretenir le feu de leurs lampes par l'huile des bonnes œuvres ; car ce que l'huile est au feu, la bonne œuvre l'est à la foy, dit saint Jerôme : *Oleum habent Virgines quæ juxta fidem operibus adornantur.* Au lieu que les Vierges folles n'ayant eu que la foy sans les œuvres, n'ayant eu de l'huile que dans leurs seules lampes, & non dans aucun autre vase à part, manquerent de perseverance, & virent bien tôt leur lumiere s'éteindre : *Non habent oleum, quæ videntur simili quidem fide confiteri, sed virtutum opera negligunt, fatuæ acceperunt lampades imprimis quidem accensas, sed tantum oleum non acceperunt quod sufficeret usque ad finem negligentes*, ajoûte Origene. Mais les Vierges sages bien plus avisées, outre leurs lampes pleines d'huile, se pourvurent encore d'un vaisseau qu'elles en remplirent pour n'en pas manquer : *Prudentes verò acceperunt oleum in vasis suis cum lampadibus :* Figure de leur perseverance dans le bien, de leur charité, de leur douceur, & du bon exemple qu'elles repandoient dans la maison de l'Epoux attendu. Elles n'avoient point soüillé dans leur jeunesse la robbe éclatante de blancheur ou d'innocence dont elles furent pour lors revêtues, lorsque dans leur Baptême, le Ministre du Seigneur leur dit ; Recevez cette robbe blanche, sans jamais la salir par aucune tache de peché ; & portez la telle qu'on vous la donne quand vous viendrez vous presenter devant le Tribunal de Jesus-Christ pour avoir part à son Royaume, où rien de soüillé n'entrera jamais : *Accipe vestem candidam, quam immaculatam perferas ante Tribunal Domini nostri Jesu Christi, ut habeas vitam æternam.* Et ainsi elles porterent une innocence conservée, quand elles vinrent avec leurs compagnes se consacrer à Dieu par la profession de la virginité dans la maison destinée pour se preparer à la reception de l'Epoux, & c'est que firent les sages par leur vie sainte, par la pratique des vertus, par l'exercice des bonnes œuvres : ce que ne firent pas les folles.

Voyons dans une histoire édifiante cette importante verité, cachée sous l'écorce de nôtre Parabole : elle est rapportée par saint Gregoire, en ces termes : Mon pere, dit ce grand Pontife, avoit trois sœurs ; l'une, s'appelloit Tharsille, l'autre, Gordienne, & la troisiéme Emiliene ; toutes trois ayant leurs lampes embrasées du feu de la devotion, renoncerent en même temps au monde, consacrerent à Dieu leur virginité, se renfermerent dans une même maison, y vecurent en communauté sous une regle fort exacte, & ne songerent plus qu'à s'y preparer à la venue du celeste Epoux, & à le recevoir : *Uno omnes ardore conversæ, uno eodemque tempore sacratæ, sub districtione regulari degentes, in domo propria socialem vitam ducebant.* N'est-ce pas là l'image, ou plûtôt la realité des Vierges de nostre Evangile, qui desireuses d'obtenir le Royaume des Cieux, viennent les lampes allumées à la main se presenter pour estre admises dans la maison de l'Epoux, y attendre sa venue, & aller au devant de luy, quand on les avertiroit de venir éclairer son entrée : *Tunc simile erit regnum cælorum decem virginibus, quæ accipientes lampades suas exierunt obviam sponso, & sponsæ.* Elles oüirent donc cette voix d'enhaut, tenez-vous prêtes, car l'Epoux viendra bientôt, qu'elles prirent comme une marque de leur vocation à la retraite, disant à Dieu ce que luy dit le premier homme : Seigneur, j'ay entendu vôtre voix, & je me suis caché : *Vocem tuam audivi, & abscondi me.*

En second lieu, voicy comment se comporterent ces pieuses Vierges retirées dans leur communauté, voicy la vie qu'elles y menerent. Premierement, elles s'endormirent au monde qui ne leur parut plus qu'un songe : *Dormitaverunt omnes & dormierunt.* Ne travaillant dans cette sainte retraite, qu'à nourrir & augmenter en elles le feu de l'amour divin : *Cumque essent diutiùs in eâdem conversatione, cœperunt quotidianis incrementis, in amorem conditoris sui succrescere.* Mortes à tout, leur corps seul estoit sur la terre, & leur esprit élevé vers le Ciel, ne s'occupoit qu'à la consideration des biens éternels : *Quotidie animo ad æterna transire cœperunt.* Joüissant du doux repos de la contemplation, elles s'endormirent à tout le tumulte des embarras du siecle, & elles accomplirent spirituellement ces paroles de nôtre Evangile : *Dormitaverunt omnes & dormierunt.*

Telle eſtoit la ferveur de deux de ces Vierges veritablement ſages, Tharſille & Emiliene ; au contraire, Gordienne comme une Vierge folle, s'atiedit de jour en jour en l'amour de ſon Dieu: *At contra Gordianæ animus cœpit calore amoris intimi per quotidiana decrementa tepeſcere* ; elle laiſſa peu à peu éteindre dans ſon cœur le feu de ſa premiere devotion, & elle reprit inſenſiblement le goût des biens de ce monde : *Et pauliſper ad hujus ſæculi amorem redire.* Tharſille affligée au dernier point du relâchement de Gordiene, diſoit ſouvent dans l'amertume de ſon cœur à Emiliene : Je vois avec douleur, que nôtre ſœur Gordiene ne marche plus avec nous ; je vois qu'elle a beaucoup de commerce au dehors, & qu'elle ſe dément de ſes premieres réſolutions : *Foras defluit, & cor ad id quod propoſuit, non cuſtodit.* Les bons exemples & les tendres avertiſſemens de ces deux Vierges ſages, ne pouvoient corriger cette Vierge folle de ſes legeretez, ni l'obliger à reprendre la modeſtie, & la gravité convenable à l'habit Religieux qu'elle portoit : *Atque à levitate morum ad gravitatem ſui habitûs reformare.* Il eſt vray qu'à leurs charitables remontrances, Gordiene paroiſſoit rentrer en elle même, & reprendre un ſerieux recüeilli, mais ce n'eſtoit que pour quelques momens : car auſſi tôt que l'heure de la correction eſtoit paſſée, toute cette modeſtie apparente diſparoiſſoit, & le babil avec la diſſipation reprenoient la place de l'air religieux qu'elle avoit affecté : *Sed cùm correptionis hora tranſiſſet, tranſibat protinus & ſuperducta gravitas honeſtatis, moxque ad levia verba tran-*

sibat. Elle se plaisoit dans l'entretien des filles mondaines, & toute autre conversation que celle des personnes seculieres luy estoit à charge & à dégoût : *Puellarum gaudebat societate laïcarum, eique persona valdè onerosa erat, quæcunque huic mundo dedita non erat.*

Tandis que cette Vierge folle voyoit ainsi éteindre sa lampe, les Vierges sages entretenoient le feu de la leur en y mettant l'huile des bonnes œuvres : leur oraison estoit continuelle, *Virtute continuæ orationis* : leur componction affectueuse, *afflictionis studiosæ* : leur abstinence austere, *abstinentia singularis* ; leur gravité respectable, *gravitate vitæ venerabilis*, leur sainteté éminente, *culmine sanctitatis excrescens* ; elles remplissoient parfaitement ce que saint Ambroise enseignoit à une Vierge : Soyez assiduë à la priere, *insistas orationi* ; & que la pâleur de vôtre visage soit un signe de vos continuels gemissemens : *Et vultus tuus assidua oratione pallescat.* En effet, Tharsille estant venue à mourir, comme on lavoit son corps, selon la coûtume, on luy trouva aux genoux & aux coudes des duretez semblables à celles de la peau d'un Chameau, tant son assiduité à la priere, & ses prosternations religieuses devant la majesté divine, avoient esté grandes ; le corps mort marquant encore ce qu'avoit fait l'ame tandis qu'elle l'animoit : *Cumque corpus ejus ex more mortuorum ad lavandum esset nudatum, longo orationis usu, in cubitis ejus & genibus camelorum more inventa est obdurata cutis excrevisse, & quod vivens ejus spiritus semper egerit, caro mortua testabatur.*

Que si la vie de ces Vierges sages dans la maison de l'Epoux l'Epoux fut dissemblable de la Vierge folle, leur sortie quand l'Epoux arriva ne fut pas moins differente, puisque la lampe de celles là jetta pour lors de plus vifs rayons, & qu'elles entrerent dans la maison de l'Epoux avec luy; au lieu que la lampe de la Vierge folle s'éteignit tout à fait, & qu'elle fut exclue de la maison nuptiale; car une nuit comme Tharsille sommeilloit, il luy sembla voir le saint Pontife Felix, qui luy montrant une demeure resplendissante de clarté, luy disoit : Venez, ma fille, entrez dans ce sejour de la lumiere éternelle qui vous est preparée : *Antistes Felix apparuit, eique mansionem perpetuæ claritatis ostendit, dicens : Veni, quia in hâc te lucis mansione suscipio.* Cette promesse fut suivie de l'effet, car peu de jours aprés, cette bienheureuse Vierge portant sa lampe toute brillante de bonnes œuvres à la main, alla recevoir avec joye le divin Epoux, & sans doute entra avec luy dans le sejour des Saints ; dequoy l'excellent parfum que l'on ressentit au moment de sa mort fut un signe heureux, aussi bien que de la presence du divin Epoux : *Tantaque subito fragrantia miri odoris aspersa est, ut ipsa quoque suavitas cunctis ostenderet illic suavitatis autorem venisse.* Pour Gordiene, elle retourna au siecle parmi les femmes laïques : *Inter laïcas deputata est* ; & se trouvant seule sans que personne veillât sur sa conduite, elle acheva d'éteindre sa lampe, car dépoüillant toute crainte de Dieu, toute pudeur & tout respect pour sa consecration à l'etat de virginité, elle n'eut pas honte de se marier indignement au Fermier de ses terres : *Nam oblita Do-*

minici timoris, oblita pudoris, & reverentiæ, oblita consecrationis, conductorem agrorum suorum postmodùm maritum duxit; cherchant des marchands qui luy vendissent l'huile des consolations humaines, bien differente de celle qu'on luy avoit donnée, & qu'elle avoit apportée dans la maison de l'Epoux, dont la porte luy fut fermée : *Et clausa est janua.*

TROISIEME CONSIDERATION.

Les Vierges ayant esté admises dans la même Communauté, & voyant que cet Epoux si attendu pour lequel elles s'estoient renfermées, ne venoit pas encore, elles s'y endormirent toutes : *Dormitaverunt omnes, & dormierunt.* Or, selon les Peres, ce sommeil icy n'est autre chose que le sommeil de la mort : *Dormire enim mori est*, dit saint Gregoire sur cet endroit, ou, comme s'exprime saint Jerôme : *Dormitaverunt, id est mortuæ sunt.* Elles moururent donc dans cette Maison, ou plûtôt dans ce Monastere, mais de la mort spirituelle, de la mort au peché, de la mort au monde, de la mort à elles-mêmes : mortes de cette mort dont parle l'Apôtre, regardez-vous, disoit il, comme morts au peché : *Existimate vos mortuos quidem esse peccato* : Regardez vous comme morts à vous-mémes : *Mortui enim estis.* Que ce Monastere icy soit vôtre premier tombeau, disoit saint Jean Climaque à ses disciples : *Admoneat te jugiter sepulchri memoria* ; & que nul de vous ne sorte de ce monument : *Nemo monumento progreditur.* Ces Vierges folles & sages étoient donc ensevelies, & comme inhumées spirituellement dans le Monastere, ainsi que le bon grain & l'yvroye dans le même champ, quoy qu'avec une vertu bien differente l'une de l'autre : *Conſepulti enim eſtis.* qui ne manquera pas de paroître lors de la moiſſon. En effet peut on voir la deſcription de ces premiers, & anciens Monaſteres de Vierges qui devroient ſervir de modeles aux nôtres, & leur donner de l'émulation & de la confuſion, ſans y remarquer ce vray caractere de mort à toutes choſes ? Voicy comme nous le dépeint un Auteur ſincere, qui les avoit vû de ſes propres yeux : Il y avoit, dit-il, un Monaſtere de cent trente Vierges dans une Ville d'Egypte, dont les vertus eſtoient ſi éclatantes, que tout le monde en eſtoit merveilleuſement édifié ; car dans cette ſainte Maiſon nulle des Religieuſes ne buvoit du vin : *In illo namque Monaſterio nemo guſtabat vinum* ; nulle d'elles ne mangeoit de pommes, de raiſins, de figues, ni d'autres fruits qui naiſſent de la terre : *Nulla illarum pomum, aut uvam, aut ficus, &c. guſtabat ;* pluſieurs d'elles ne vouloient pas même ſe ſervir d'huile : *Neque oleum edere volebant* ; d'autres ne mangeoient qu'une fois le jour, & même ſouvent qu'une fois en deux & trois jours : *Quædam earum à veſperâ uſque ad aliam veſperam jejunium protrahebat* ; & nulle de ces Vierges veritablement penitentes n'avoit d'autre lit qu'un étroit cilice étendu par terre : *Cilicium parvulum ſtratum in terra*, & ne prenoit qu'un ſommeil trés-court ; leurs habits même n'étoient que des cilices qui deſcendoient juſqu'aux pieds : *Veſtes de cilicio obſtringentes pedum extremitates* ; chacune travailloit autant que ſes forces le lui pouvoient permettre : *Quantumcunque poterat unaquæque laborabat*; que si quelqu'une d'elles tomboit malade, on n'avoit recours ni à medicamens ni à aucun aliment extraordinaire : *Non ei fomentum aut aliquod adjutorium medicinæ conferebatur*; mais elle regardoit la maladie comme une benediction de Dieu : *Tanquam maximam benedictionem à Deo accipiebat*, & n'attendoit sa guerison que de la bonté divine : *Tolerabat languorem donec eam dominica medicina præveniret*; aucune d'elles ne sortoit jamais la porte de la clôture : *Nulla earum januas exibat*, la Portiere seule rendant réponse de toutes choses à ceux qu'il convenoit : *Per quam responsa omnia fiebant*. Aprés ce recit, faut-il s'étonner s'il se faisoit là plusieurs guerisons miraculeuses : *Multæque sanitates ibi fiebant*; & si une Dame de qualité, charmée des vertus de ces saintes filles, voulant leur donner un fonds d'un revenu considerable, & les engager à prier pour elle & pour son pere, la Superieure & les anciennes luy répondirent : Madame, vos servantes n'ont besoin ni d'argent, ni de revenus; elles ont quitté tous les biens temporels pour obtenir les biens éternels, & elles ne veulent rien posseder des richesses de la terre, pour ne pas perdre celles du Ciel : *Nihil possidere volunt, ne cœlesti regno priventur*. Un tel Monastere n'estoit-il pas un veritable sepulchre ? Mais pour le representer encore plus à la lettre, nous lisons dans ces mêmes endroits, qu'une de ces admirables Vierges remplie de l'esprit de pénitence & de separation de toute creature, se renferma, sans doute par un mouvement particulier du saint Esprit, dans un sepulchre, où elle vécut pendant douze ans, sans voir jamais ni homme ni femme : *In monumento se inclusit, neque in virorum, neque in mulierum conspectum venit spatio duodecim annorum*; soûtenant courageusement cette affreuse solitude, & cette triste oisiveté, & les pensées d'ennui inseparable d'un tel genre de vie, ou plûtôt d'une telle mort : pensées & ennuis qu'elle dissipoit par le chant des loüanges de Dieu, & par quelque petit ouvrage manuel : *Sed sola pugnabat cum desidia & cogitationibus.* Estoit-ce vivre, ou plûtôt n'estoit ce pas accomplir ce que dit saint Gregoire, que ceux qui dans la voye ordinaire pratiquent les vertus, offrent à la verite des sacrifices agréables au Seigneur : mais que ceux qui le servent comme ces Vierges, deviennent eux-mêmes, non de simples victimes, mais de parfaits holocaustes à la souveraine Majesté du Roy du Ciel : *Qui enim sic offerunt ea quæ Dei sunt, ut tamen & quædam quæ sunt sæculi non relinquant; nimirùm sacrificium, & non holocaustum offerunt : qui autem cuncta quæ mundi sunt deserunt, & totam mentem igne divini amoris incendunt : hi nimirùm omipotenti Domino sacrificium & holocaustum fiunt.* Telles estoient les Vierges sages de nôtre Evangile, qui les reins ceints, les lampes allumées à la main, meditant sans cesse ce que de vrais solitaires doivent mediter, c'est-à-dire, selon saint Bernard, ce que la mort a de plus effroyable, ce que le jugement a de plus redoutable, ce que l'enfer a de plus épouventable, ce que le Paradis a de plus desirable, attendent la venuë du celeste Epoux : *Quid horribilius morte, quid terribilius judicio, quid intolerabilius gehennâ, quid jucundius gloria :* & qui penetrées de cette crainte salutaire, ne se reservant rien en propre de tout ce qu'elles ont, offrent leur sang, leur langue, leur vie, leur substance même, n'immolant point de victimes étrangeres, mais deviennent elles-mêmes des holocaustes au Seigneur, repete encore saint Gregoire. *Quid isti nisi holocaustum offerunt, imò magis holocaustum fiunt.* Heureuses celles qui sont déja mortes au Seigneur de cette premiere mort, elles ne redouteront point la seconde mort, qui ne peut être que douce pour elles: *In his secunda mors potestatem non habet.*

Toutes ces Vierges dormant donc de ce sommeil mysterieux dans la maison où elles avoient esté reçûes, pour y attendre la venue de ce celeste Epoux, tout d'un coup au milieu de la nuit on entendit retentir ces paroles: Voilà l'Epoux qui vient, sortez au devant de luy: *Media nocte clamor factus est, ecce sponsus venit exite obviam ei,* A ce cri surprenant, quoy qu'attendu, toutes ces Vierges se leverent, & se mirent à orner leurs lampes: *Tunc surrexerunt omnes Virgines illæ, & ornaverunt lampades suas.* Surquoy il faut comprendre que l'Evangile nous represente ici sous la figure de ces dix Vierges qui se reveillent à minuit toutes effrayées de ce cri surprenant: Voilà l'Epoux qui vient, sortez au devant de luy. Ce qui doit se passer à la fin du monde lorsque tous les hommes endormis dans le tombeau de la mort entendront le bruit éclatant de cette trompette effroyable qui retentira dans tout l'Univers, avec ce cri terrible qui resonnera aux quatre coins du monde: levez-vous, morts, venez au jugement, *Surgite, mortui, venite ad judi-*

cium. Voilà le souverain Juge qui descend : la Parabole d'aujourd'huy n'est donc qu'un racourci de cette derniere catastrophe, & nous fait voir sous la figure de ces dix Vierges en particulier, ce qui se passera pour lors en general à l'égard de tout le genre humain. Or ces Vierges à cette clameur, s'étant toutes dix éveillées se mettent en état d'aller au devant de l'Epoux : les sages ornerent leurs lampes, ôtant premierement la suye superflue que le feu de la lampe pouvoit avoir amassé au haut de la flamme, comme il arrive ordinairement, & comme il estoit même prescrit aux Prêtres de l'ancienne Loy de se donner ce soin pour tenir propres & luisantes les lampes qui brûloient dans le Sanctuaire. Vous ferez des mouchettes d'un or trés-pur, leur dit la Loy, & vous aurez un petit vase d'or aussi trés-pure, dans lequel vous éteindrez cette mêche brûlée : *Emunctoria quoque & ubi quæ emuncta sunt extinguuntur, fiant de auro purissimo*; puis elles mirent de nouvelle huile dans leurs lampes, afin qu'elles jettassent un nouvel éclat : *Tunc surrexerunt, & ornaverunt lampades suas.* C'est-à-dire, que se voyant sur le point de paroistre devant le souverain Juge, elles purifierent leur ame de tout le marc des affections humaines qui pouvoient encore obscurcir la lumiere de leur foy, qu'elles s'embraserent par des actes fervens de religion & d'amour envers ce divin Epoux qui s'approchoit, qu'elles s'empresserent de l'admettre dans le sanctuaire de leur cœur, comme dans son lit nuptial. Les Vierges folles aussi bien que les sages, voulurent également orner leurs lampes ; mais helas ! elles s'éteignoient faute d'huile, & n'en ayant point, elles s'adresserent aux Vierges sages, leur disant : donnez-nous de votre huile, parce que nos lampes s'éteignent : *Date nobis de oleo vestro, quia lampades nostræ extinguntur.* A cela les Vierges sages répondirent, nous ne le pouvons pas, crainte qu'il n'y en ait pas assez & pour nous & pour vous : allez plûtôt en acheter chez les marchands : elles allerent donc au dehors pour s'en pourvoir : surquoy l'on peut faire diverses observations prises des Peres.

1°. Que la virginité sans les vertus, & les bonnes œuvres, sans la charité, la ferveur, l'humilité, le recueillement, le silence, le zele de la perfection ; qui en sont comme l'huile : *Oleum boni operis fructus est*, dit saint Hilaire, n'est rien qu'une lampe sans lumiere, qu'une lampe sous le boisseau de l'avarice, sous le lit de la molesse, sous le vase de l'orgueil : *Sub modio, sub lecto, sub vase.* Trois expressions de l'Evangile, quel aveuglement à elles de s'enorgueillir de leur virginité, comme si seule elle avoit pû les sauver ! ne sçavoient-elles pas qu'une femme mariée, & humble, est plus agreable au Seigneur, qu'une Vierge orgueilleuse, & que le Sauveur assure dans son Evangile, que les prostituées penitentes précederont au Royaume des Cieux, les personnes consacrées à Dieu, mais superbes ; pourquoy s'en étonner ? ces insensées avoient caché leurs lampes sous le vase de la vaine gloire, contre l'avertissement du Sauveur : *Nemo accendit lucernam, & ponit eam sub vase.*

2°. Il

Il est vray qu'elles eurent d'abord de bonnes intentions, du zele, de la ferveur, de la regularité; mais cela dura peu, la lumiere de leur lampe diminua, & leur premiere charité ne persevera pas: *Fatuæ Virgines*, dit saint Jerôme, *quæ lampades suas queruntur extingui, non habent lumen indeficiens nec opera perpetua.* Elles avoient commencé d'élever la tour de la perfection évangelique, mais elles se desisterent bien-tôt de leur entreprise, laissant l'édifice à moitié construit, & devenant ainsi la dérision d'un chacun. Elles avoient mis la main à la charuë pour cultiver le terroir de leur ame, mais elles tournerent bien-tôt la teste en arriere, & laisserent l'ouvrage à demi fait: Que leur servoit de ceindre leurs reins par l'observation de la continence, & de ne pas porter de lampes allumées en leurs mains par la pratique des bonnes œuvres, dit saint Augustin? *In lumbis accinctis virginitas, in lucernis ardentibus opera bona*, puisque tous les deux étant commandez, l'un sans l'autre ne suffisoit pas.

20. Elles crurent leur salut en seureté se trouvant dans une Maison reguliere, separées du grand monde, & vivant avec des compagnes vertueuses, sans faire reflexion que Lucifer s'étoit perdu dans le Ciel au milieu des Anges, Adam dans le Paradis terrestre, Judas dans l'Apostolat en la compagnie de Jesus-Christ, & de ses plus fidelles Disciples; qu'au jour du jugement on separera l'ivroye d'avec le bon grain, le mauvais poisson d'avec le bon, les boucs d'avec les brebis; & qu'il ne servira de rien aux reprouvez de se mêler alors avec les élûs.

Voyons-en un exemple celebre rapporté par ſaint Gregoire en ces termes : Il y a un an, dit ce grand Pape, qu'il ſe preſenta à mon Monaſtere, ſitué prés l'Egliſe des Bienheureux Martyrs Jean & Paul, un ſujet excellent pour la vie religieuſe, où il fut reçû avec joye : il avoit un frere qui l'avoit ſuivi, mais de corps, & non de cœur : *Corpore, non corde* ; car ce jeune inſenſé, au lieu de ſonger à profiter des moyens de ſalut qui luy étoient offerts, ne fit que laiſſer tout à fait éteindre en luy la lampe de toute pieté ; il n'avoit que du dégoût pour l'habit & l'état Religieux : il étoit à charge à tout le monde, & on ne le ſouffroit dans la Communauté que par la ſeule conſideration de ſon vertueux frere : Voici ſes défauts. On voyoit en luy de la legereté dans ſes paroles : *Verbis levis* ; de l'irregularité dans ſes geſtes : *Moribuſque inſtabilis* ; de la hauteur dans ſon eſprit : *Mente tumidus* ; de l'indecence dans ſes habits : *Veſte incompoſitus* ; de la diſſipation dans tout ce qu'il faiſoit : *Actione diſſipatus*. Or il arriva qu'au mois de Juillet dernier il fut frappé de ce mal contagieux qui nous enleva la plus grande partie de nôtre peuple, comme vous le ſçavez ; le voilà réduit à l'extremité, il n'avoit plus qu'un ſouffle de vie : les Freres s'etant mis en prieres autour du lit de ce pauvre malade, il ſe mit à crier tout effrayé : Voilà que je ſuis livré à un dragon, pour en eſtre devoré : *Ecce draconi datus ſum ad devorandum*, & qui ne le peut, à cauſe que vous eſtes là preſens : retirez-vous, retirez vous, afin qu'il acheve de m'engloutir. Ces bons Religieux luy diſant de faire le ſigne de la Croix ; je le voudrois, repliquoit-il, mais je ne le puis; car il m'a lié les bras : *Ecce ab eo brachia mea comprimuntur* ; & comme il proferoit ces diſcours d'une voix lamentable, la pâleur & la terreur peintes ſur ſon viſage mourant, les aſſiſtans proſternez par terre, & touchez de compaſſion, redoublerent leurs prieres ; & peu aprés il commença à reſpirer, & à dire : Dieu ſoit beni, vos prieres ont chaſſé le dragon ; & pour lors ayant fait vœu de ſe faire Religieux, il ſe trouva ſur le champ gueri, & il ſe vit heureuſement arraché à la mort temporelle, pour vivre à jamais de la vie ſpirituelle : *Morti quidem ſubſtractus erat, ſed adhuc pleniùs vitæ reſtitutus eſt.* Hiſtoire également inſtructive & terrible, qui fait voir que ni les murailles d'un Monaſtere, ni l'habit Religieux, ni la compagnie & les exemples des bons, ni l'exemption des grands crimes, ne ſuffiſent pas pour le ſalut, ſi à tout cela on ne joint l'exercice des vertus, & la pratique des bonnes œuvres. Revenons à nos Vierges imprudentes.

30. Elles ne profiterent pas du bon exemple qu'elles avoient devant leurs yeux, & que les Vierges ſages leurs donnoient chaque jour : au lieu de faire un amas de bonnes œuvres commes elles, afin de nourrir le feu de la charité dans leur cœur, de ſe former un interieur religieux ; elles n'avoient ni tendre devotion, ni intention pure, ni zele de leur avancement ſpirituel, ni émulation pour le bien, ni vigilance ſur les ennemis & les obſtacles de leur ſalut, ce que leurs lampes qui s'éteignoient peu à peu, *quia lampades noſtræ extinguuntur*, montrent aſſez. Elles s'a-

bandonnoient donc à une vie molle & pareſſeuſe, elles cachoient leurs lampes ſous le lit de la pareſſe, contre l'avertiſſement de celui qu'elles diſoient avoir choiſi pour leur Epoux, & qui n'avoit jamais ceſſé de travailler pour leur ſalut : *Nemo accendit lucernam, & ponit eam ſub lecto.*

4°. Elles crurent pouvoir ſe parer des mérites d'autrui, elles les demanderent même avec quelque hauteur aux Vierges ſages, leur diſant, donnez nous de vôtre huile, comme ſi elles leur en euſſent dû : *Date nobis de oleo veſtro*, afin de paroiſtre devant l'Epoux avec décence, ou plûtôt, de le ſurprendre, ainſi que Jacob avoit ſurpris ſon pere Iſaac, ſe revêtant des habits d'Eſaü, pour en obtenir la benediction ; ne voyant pas que ce qui fut en ce ſaint Patriarche un myſtere, ſeroit en elles une hypocriſie ; que ce ſeroit une peau de brebis qui couvriroit un loup, & que le ſouverain Paſteur ne s'y méprendroit pas ; parce que, comme dit ſaint Chryſoſtome, nul ne doit prétendre pouvoir s'approprier les bonnes œuvres de ſon prochain, chacun moiſſonnera ce qu'il aura ſemé : *Nemo alienis operibus exornatur, unuſquiſque quæ ſeminaverit hæc & metet*, continuë ce Pere. C'eſt pourquoy les Vierges ſages refuſerent d'orner de leurs vertus les Vierges folles, non par défaut de charité, mais pour ne pas paroiſtre cooperer à leurs tromperies, pour ne pas s'attirer par là du Seigneur qui voit tout, une diminution de leurs propres mérites, qui deviendroient alors inſuffiſans pour les unes & pour les autres, ſuivant cette parole de ſaint Jerôme, qu'au jour du Jugement les vertus des bons ne pourront point couvrir les vices des méchans : *Non possunt in die judicii aliorum virtutes, aliorum vitia sublevare.* Elles les renvoyerent donc à ceux qui vendoient l'huile, laquelle leur manquoit, au hazard du succés qu'elles abandonnerent à la providence ; car ce ne pouvoit estre là qu'une huile profane, bien differente de l'huile sainte, & du feu sacré dont leurs lampes avoient esté premierement allumees, lorsque le Ministre de Jesus Christ leur versant de l'huile au jour de leur regeneration leur avoit dit, je vous oins de l'huile du salut en Jesus-Christ Nôtre-Seigneur : *Ego te linio oleo salutis in Christo Jesu Domino nostro in vitam æternam.* Puis leur mettant en main la lampe allumée, leur avoit aussi dit : Recevez cette lampe ardente, conservez la grace de vôtre Baptême, afin que quand l'Epoux viendra, vous puissiez aller au devant de luy, & entrer avec luy dans l'heureux sejour de la vie éternelle : *Accipe lampadem ardentem, &c.* Or c'estoit cette huile là qui ne devoit jamais défaillir ; c'étoit cette lampe qui abreuvée continuellement de cette huile ne devoit jamais s'éteindre, pour n'estre pas surprise de l'arrivée de l'Epoux. Toute autre huile, toute autre flamme n'étoit pas recevable, elle étoit profane, & par consequent elles ne devoient attendre que le sort funeste des enfans d'Aaron, qui pour avoir porté dans le Sanctuaire, un feu étranger, & non celui qui premierement étoit venu du Ciel, furent sur le champ punis de mort : *Lampades quas acceperunt animarum splendentium lumen est, quæ Sacramento Baptismi splenduerunt*, dit saint Hilaire.

5°. Elles ne parurent avoir aucun scrupule de violer leur clôture ; elles sortirent fort librement & en pleine nuit de leur maison, helas ! où elles ne devoient plus rentrer, à la moindre vûë qu'on leur donna d'aller au dehors acheter ce qui leur manquoit : *Ite ad vendentes* ; elles sçavoient bien les chemins qui conduisoient à la maison des marchands : *Dum autem irent emere*. Mauvais exemple, qui devoit estre suivi d'un nombre infini de leurs semblables, que leurs vœux de clôture dans la maison de l'Epoux ne peut retenir, & qu'on voit souvent avec peu d'édification errer dans le monde, sous prétexte d'affaires, de procez, de santé ; mais au fonds qui ne sortent souvent que par ennuy de leur solitude, par curiosité, par le vain desir de voir le monde, & de respirer un air plus libre, malgré les dangers fâcheux où elles s'exposent, & les tentations qu'elles causent en celles qui restent dans la Communauté qu'elles délaissent, & qu'elles malédifient, aussi bien que les seculiers parmi lesquels elles se mêlent ; revenant dissipées pour long-temps de ce qu'elles ont vû, & dissipant les autres de ce qu'elles leur racontent. Pour reprimer un si déplorable abus, au lieu de recourir aux Regles, aux Constitutions, aux Ordonnances de l'Eglise, qui défendent si étroitement aux Religieuses, & sous de si grieves peines ces sorties, au lieu d'alleguer l'exemple de plusieurs Instituts qui ne le permettent jamais, il faut se contenter icy de rapporter cette belle maxime des anciennes Communautez, qui doivent servir de modele aux nôtres : regardez vôtre Monastere comme vôtre premier ſepulchre, dans lequel vous eſtes déja inhumées, diſoit-on aux Cenobites : *Admoneat te jugiter ſepulchri memoria*; & apprenez que les morts ne devant ſortir de leurs tombeaux qu'au grand jour de la Reſurrection generale, vous ne devez ſortir de vôtre Monaſtere, vôtre vray ſepulchre, que quand au jour du Jugement reprenant dans le Cimetiere commun vôtre corps où on l'aura dépoſé, vous ſortirez pour aller paroiſtre devant le ſouverain Juge : *Nemo è monumento progreditur ante communem Reſurrectionem omnium.* S. Chryſoſtome repreſente les glorieux Apôtres ſaint Pierre & ſaint Paul ſortant tous deux au jour de leur reſurrection du même tombeau, comme un des plus grands & des plus Religieux ſpectacles que la foy puiſſe nous mettre devant les yeux. Lorſque Rome verra, dit-il, ſaint Pierre reprendre ſon corps, ſaint Paul ſe revêtir de ſa chair, & tous deux s'elever dans les airs pour aller au devant du juſte Juge : *Hinc rapietur Paulus, hinc Petrum conſiderate, & horrete quale ſpectaculum viſura ſit Roma, Paulum videlicet ex theca illa cum Petro repentè reſurgentem in occurſum Domini ſurſum ferri.* Le beau ſpectacle, peut-on dire à propo(ition, de voir au jour de la Reſurrection une immenſe multitude de Vierges ſortir toutes enſemble du même Cimetiere, & portant à la main leurs lampes allumées s'élever toutes à la fois vers le Ciel au devant du celeſte Epoux ? Quel zele ne doivent-elles pas avoir de ne pas s'expoſer à déceder hors de leur Monaſtere, crainte de n'eſtre pas inhumées dans le même dortoir avec leurs ſœurs, dequoy elles ne peuvent pas repondre, quand elles sortent & s'en vont hors leur Maison mourir, peut-être chez des hommes mondains, & estre inhumées dans une terre étrangere, pour en ressusciter un jour avec des femmes seculieres. Combien doivent-elles souhaiter de ressusciter avec leurs compagnes, & de sortir avec elles de leur commun Cimetiere! L'infortunée Dina, pour estre sortie hors l'enceinte de la maison paternelle où elle vivoit en assurance, quoy que dans le seul dessein de voir les filles & femmes du pays où elle se trouvoit, perdit malheureusement la gloire de sa virginité, & fit perdre la vie à un peuple entier.

Ah! combien cette Vierge dont il est parlé dans les vies des anciens solitaires, estoit elle ennemie de ces sorties hors des Couvens, & de se montrer au dehors; du jour qu'elle fut voilée, jusqu'à celui de sa mort; c'est-à-dire, pendant soixante ans qu'elle vêcut dans le Monastere, elle s'y tint inviolablement renfermée, & n'en sortit jamais un moment: *Erat alia Virgo religiosæ vitæ operibus insistens, cujus vultum quidem non vidi, nunquam enim, ut aiunt, est progressa, ex quo renuntiavit, cùm autem implesset sexaginta annos in exercitatione, &c.* Aprés soixante ans qu'elle avoit toûjours eu de cette sorte sa lampe allumée à la main, un Martyr honoré en ces lieux-là luy étant apparu, luy dit: Vous viendrez aujourd'huy voir le Seigneur, & tous les Saints qui sont dans la gloire; sans doute en récompense, & de sa vie penitente, & d'avoir demeuré renfermée pendant toute sa vie: *Cui in visione astitit Martyr hoc ei dicens, hodie es itura ad Dominum & visura*

viſura Sanctos omnes, veni ergo, &c. Cette prudente & fidelle épouſe de Jeſus Chriſt ayant oüi cela, dit à la Mere : Priez pour moy, ma Mere, car je ſors pour la premiere fois, mais c'eſt afin d'aller à mon Seigneur : *Tandem poſt tot annos egreſſa, dixit Matri, ora pro me, vado enim ad Domiuum meum.* Cela dit, elle ſortit en effet de ſon Monaſtere, & marcha au lieu de ſa ſepulture ; là elle ſe plaça décemment comme une morte dans ſon tombeau, & ſans reſſentir ni fievre ni mal de teſte, recommandant ſon eſprit à Dieu, elle y expira : *Cumque nec febri laboraſſet, nec ei caput doluiſſet, ſeipſam ad ſepulturam compoſuit in manus Dei ſpiritum commendavit, & ſic deceſſit.* Voici encore un reproche à faire aux Vierges folles.

6°. Elles eſtoient proprietaires, elles avoient de l'argent à elles, leurs lampes étoient cachées ſous le boiſſeau de l'avarice, contre la défenſe de celui qu'elles avoient pris pour époux, & pour l'amour duquel elles devoient avoir tout quitté : *Nemo accendit lucernam, & ponit eam ſub modio.* Allez plûtôt chez les marchands qui vendent de l'huile, leur dirent les Vierges ſages, & achetez-en pour vous, car nous en avons aſſez pour nous, qui d'ailleurs ne ſçavons point ni le chemin ni le lieu où on en vend, & qui n'avons aucun argent pour en acheter : *Ite potiùs ad vendentes, & emite vobis* ; ce que ces imprudentes executerent ſans peine : *Dum autem irent emere* ; elles étoient ſçavantes dans un commerce que les Vierges ſages ignoroient, dit ſaint Chryſoſtome : *Quinam ſint vendentes ignorant prudentes Virgines, quæ nunquam huic commercio sunt assuefactæ.* Que de loix, de menaces & d'exemples terribles devroient ôter cet esprit de proprieté des Maisons Religieuses !

Saint Jerôme rapporte qu'un ancien Solitaire étant venu à mourir, on luy trouva cent écus qu'il avoit gagnez par son travail ; tous les Solitaires de ces lieux jusqu'au nombre de cinq mille s'etant assemblez, conclurent, sans doute par un mouvement du saint Esprit, & d'un commun accord, qu'il falloit jetter cet argent avec le cadavre dans le même sepulchre, en disant, que ton argent soit en perdition avec toy : *Decreverunt, sancto in eis loquente Spiritu, infodiendos esse solidos cum illo Monacho, dicentes, pecunia tua tecum sit in perditione* ; ce qui causa tant d'effroy dans tous les deserts de Nitrie, qu'on n'eût pas trouvé la moindre piece d'argent chez tous les Moines de l'Egypte.

Saint Augustin écrit qu'un de ses Religieux qui paroissoit estre un modele d'obeissance & de pauvreté : *Qui columna obedientiæ & paupertatis esse videbatur*, retenoit du bien en cachette, & avoit serré onze pieces d'argent dans la muraille de sa cellule, malgré son vœu de pauvreté, & mourut en cet état : la perte de ce Religieux causa tant d'affliction à ce grand Saint, qu'il le pleuroit sans cesse jusqu'aux sanglots : on prit cet argent, on le jetta dans le sepulchre avec le corps du defunt, chacun disant, que ton argent aille avec toy en perdition. Nous lisons dans saint Gregoire, qu'un Religieux de son Monastere ayant aussi quelque argent qu'il avoit caché, tomba grievement malade : le saint Pontife apprenant cette proprieté, il ordonna de l'avis de l'Abbé, qu'aucun des Freres n'allât conſoler le moribond, & qu'on luy dît qu'il eſtoit en abomination à tout le monde à cauſe de ſon avarice & de ſon attachement à l'argent; qu'aprés ſa mort on ne l'inhumât pas dans le Cimetiere commun, & que ſon corps ne fût point mis avec celui des autres, mais qu'on fît une foſſe dans un fumier, où on le jettât avec ſon argent, & que tous les aſſiſtans criaſſent : Que ton argent ſoit en perdition avec toy. Ce que ſaint Gregoire fit, tant pour donner de la terreur aux autres, que pour exciter le mourant à penitence, lequel ayant appris cette rigoureuſe & juſte Sentence, fut ſaiſi d'une componction ſi vive, qu'il donna toutes les marques de douleur qu'on eût pû deſirer, & mourut dans les gemiſſemens d'une vraye penitence: *Qui protinus de reatu ſuo vehementer ingemuit, atque ipſa ſua triſtitia de corpore exivit.* Voicy encore un autre defaut de ces Vierges folles.

7°. Elles eſtoient portées à parler trop, ce que leurs diſcours aux Vierges ſages, leur commerce avec les marchands, leur cri à la porte de leur Communauté, montrent aſſez; quoique rien ne leur convînt moins, puiſqu'il eſt écrit qu'un fou même, s'il peut ſe taire, paſſera pour ſage: *Stultus, ſi tacuerit, ſapiens reputabitur*; comme au contraire, nos premiers parens, tous ſages qu'ils étoient, pour avoir trop parlé, devinrent inſenſez, dit ſaint Ambroiſe: Que nous ſerions heureux, ſi Eve ſe fût tûë! *Viciſſemus, ſi Eva tacuiſſet!* ſi le premier homme eût eſté ſourd, ou ſi la premiere femme eût éſté muette: *Atque utinam aut Adam ſurdus fuiſ-* *S. Ambr.*

set, aut Eva obmutuisset; Adam, afin de ne pas écouter sa femme; Eve, afin de ne pas parler à son mary, & de ne pas devenir tous deux les Architectes de nôtre mortalité, selon l'expression de Tertullien :
p. 67. *Verbum ædificatorium mortis.* De-là cet amour du silence répandu dans toutes les Communautez chrétiennes, qui, quoique souvent differentes dans leurs autres pratiques, conviennent toutes universellement en celle-cy; de-là cet instinct dans toutes les ames Religieuses, ces exemples édifians dans tous les penitens, ces maximes saintes dans tous les Peres. Voulez-vous parler, dit saint Gregoire de Nazianze, parlez, mais à condition que ce que vous avez à dire
Or. 26. post init. p. 451. soit meilleur que le silence : *Loquere sanè, si quid silentio melius & excellentius habes.*

Sçachez, disoit un grand Saint, que vous rendrez compte, & d'avoir proferé des paroles inutiles, & d'en avoir entendu; & qu'il est d'un homme sage d'observer le silence jusqu'à ce qu'on l'interroge :
679. *Usquequo servandum est silentium, Pater? respondit senex, usquequo interrogeris*; que la nature a donné deux murailles à la langue, & un seul organe à la parole, dont elle ne vous accorde l'usage que tard, comme prévoyant l'abus que vous en devez faire, & qu'elle vous ôte ordinairement plûtôt que celui des autres facultez;
S. Ambr. Luc. 9. 19. que le don de se taire est plus grand, ou du moins plus rare que celui de parler; qu'il est le grand maistre de l'oraison, le fidelle interprete de l'Ecriture, le
S. Isidore. fruit édifiant de la pénitence, le signe assuré de la prudence; qu'on se repent presque toûjours d'avoir

parlé, & preſque pas de s'eſtre tû : que la philoſophie
du Chrétien conſiſte à ſe taire, & à méditer la mort :
Sit ergo philoſophiæ veſtræ opus ſemper meditari mortem in 909.
ſilentio. On n'entendoit pas plus parler dans les Monaſteres les plus peuplez, que dans les deſerts les plus
reculez : *Et tantum exercebant ſilentium, ut viderentur eſſe* 746.
in ſolitudine. On voyoit avec admiration icy un Solitaire qui depuis cinquante ans n'avoit pas parlé : *Quin-* 541.
quaginta annis à converſatione humana remotus. Là un autre qui depuis trente ans n'avoit pas ouvert la bouche:
Qui tempore triginta annorum ſilentium exercuerat. Un
troiſiéme ſe laiſſa ordonner Preſtre ſans dire un ſeul
mot, ni avant ni aprés ſon ordination, ſe montrant
totalement mort au monde : *Ita ſeipſum omnino mortuum*
conſtituit. Caſſien voulant définir ce que les anciens
entendoient par un vray ſolitaire, diſoit à un com-
mençant : Fermez, mon fils, l'entrée de vôtre cellule
aux viſites, la porte de vôtre bouche au babil, la fe-
neſtre de voſtre ame aux eſprits immondes, & vous
ſerez un vray ſolitaire : *Claude januam cellulæ corpori, lin-*
guæ januam locutioni, interiorem animæ feneſtram ſpiritibus
immundis.

Saint Arſene encore au Palais des Empereurs, mé-
ditant ſa retraite, entendit une voix dans la priere
qui luy dit : Arſene, Arſene, aimez la ſolitude,
le ſilence, le repos : *Arſeni, Arſeni, fuge homines, tace,*
quieſce ; d'où vient qu'interrogé par l'Abbé Marc,
pourquoy cette fuite de toute compagnie ; c'eſt, luy
répondit-il, que je n'ay pû juſqu'icy accorder enſemble l'entretien avec Dieu & l'entretien avec les hom-

mes : *Respondit, non possum esse cum Deo & cum hominibus.* Sa délicatesse alla jusqu'à ce point, que le vent agitant les branches de quelques arbres voisins de sa cellule, ce bruit luy parut contraire au profond silence qu'il observoit, & l'obligea de se retirer en un lieu plus calme & plus éloigné. Un autre Solitaire pendant soixante ans n'avoit pas levé les yeux pour voir la lumiere, ni ouvert la bouche pour proferer une parole : *Sexaginta annos transegit, neque videns, neque loquens* ; plusieurs d'entr'eux se faisoient reclus pour toute leur vie : *Inclusi toto vitæ tempore.* Rufin rapporte avoir vû un Monastere entier rempli de plusieurs Religieux, sans que depuis cinquante années aucun d'eux eût parlé ni vû personne; desorte qu'on pouvoit dire que tout le Monastere estoit entre les autres Monasteres ce qu'un Reclus estoit à l'egatd d'une Communauté : *Ita ut à quadragesimo ætatis suæ anno usque ad nonagesimum quem tunc gerebat cùm eum vidimus, Monasterium ejus nullus intraverit* ; ce Monastere élevé sur une montagne estant d'un abord trés difficile, & son entrée close & bouchée : *Ascensus difficilis, aditus Monasterii obstructus, & longus.* Qu'il est beau de voir un Solitaire ne sçachant pas comment alloit le genre humain ! *Narra mihi, quæso, quomodo se habeat genus humanum* ! ni quel Empereur gouvernoit le monde ! *Quo mundus regatur imperio* ! Saint Hilarion, honoré, suivi, cheri de tout le monde, guerissant les malades, délivrant les possedez, édifiant si fort un chacun, qu'on se trouvoit heureux d'avoir du pain-beni de luy, ne put, quelque bien qu'il fit au monde, soûtenir un tel éclat, il monta ſur un vil animal, ne pouvant aller à pied, & s'enfuit dans le deſert : *At ille nihil aliud niſi ſolitudinem meditabatur, &c.* Ils diſoient que la ſolitude eſtoit un paradis : *Habeto cellulam pro paradiſo* ; dont par conſequent on ne doit jamais ſortir ; que la Ville eſtoit une priſon, où par conſequent il ne falloit jamais aller : *Mihi oppidum carcer, & ſolitudo paradiſus.* Enfin ils remarquoient que Moyſe ayant commencé de s'entretenir avec Dieu, ne pouvoit plus parler aux hommes qu'avec peine. S. Hier.

Les hommes n'obſervoient pas ſeuls ce ſilence merveilleux. Nous y admirâmes une Vierge, diſent des Auteurs celebres qui par pieté viſitoient ces Anges des deſerts, laquelle depuis trente ans ſe tenoit renfermée dans ſa cellule ſans avoir regardé ni entretenu perſonne ; *Trigeſimum octavum annum habens in hâc ſpelunca eremi.* Mais, ajoûta-t-elle à ceux qui l'avoient viſitée, vous eſtes venus tout à propos pour me mettre dans une ſolitude encore plus profonde, & pour plus long temps, c'eſt-à dire pour m'enterrer ; & en effet, cela dit, elle s'endormit au Seigneur en leur preſence, & reçut d'eux le bienfait de la ſepulture : *Miſit enim vos Deus ut ſepeliatis corpus meum, cumque hoc dixiſſet, quievit in pace ; Patres verò illi glorificaverunt Deum, & recondito corpuſculo ejus, receſſerunt in locum ſuum.* J'eus la conſolation, dit un ſaint Auteur de ce temps-là, de voir des Monaſteres de Vierges où la parole n'eſtoit preſque plus d'uſage, entre leſquelles on m'en montra qui depuis vingt-cinq ans gardoient un ſilence rigoureux : *Cognovi eſſe quandam Virginem ſilen-*

tium agentem, quæ jam viginti-quinque annis in cella erat inclusa, & cum nemine unquam colloquebatur. Sans doute que nos Vierges folles n'estoient pas de ce nombre, puisque, selon l'Ecriture, la folie se trouve dans le babil: *In multis sermonibus invenietur stultitia,* qu'il faut estre sage pour se taire: *Qui moderatur labia sua prudentissimus est,* & que le fou même, s'il peut se taire, sera réputé sage: *Stultus, si tacuerit, sapiens reputabitur,* comme il a esté dit. Or puisque ces Vierges estoient reputées folles, c'est une marque assurée qu'elles parloient trop.

80. Elles voulurent bien se tromper elles-mémes, & se laisser tromper, en s'adressant à des marchands, qui, selon les Peres, ne sont autres que de faux Docteurs ignorans ou complaisans, & souvent interessez, qu'elles trompoient en se déguisant, & qui les trompoient en les flatant: *Qui vos fallebant, & à vobis fallebamini,* dit saint Augustin: car helas! elles en cherchoient de tels, & ô malheur! elles en trouverent, & la seduction fut reciproque; des aveugles qui conduisirent d'autres aveugles, & qui loin d'appaiser les remords de leur conscience justement allarmée en leur prêchant la verité, qu'elles ne vouloient pas voir, loin de porter ces ames tiedes à remplir leurs obligations les plus indispensables qu'elles éludoient, & de rallumer le feu de leurs lampes qui s'éteignoit; loin en un mot de les faire marcher dans la voye étroite, qui seule conduit à la vie, ne sembloient travailler sous pretexte de ne les pas décourager, qu'à les flater dans leurs relâchemens criminels, & qu'à les entretenir dans une trompeuse confiance: *Vendunt enim*

enim adulatores oleum, dit ſaint Auguſtin, *qui ſive falſa ſive ignorata laudando, animas in errorem mittunt; & eis vana gaudia tanquam fatuis conciliando aliquam de his mercedem commodi temporalis accipiunt, ſive ciborum, ſive pecuniæ, ſive honoris*: Mauvais conſeillers, & ſemblables à cet œconome frauduleux, qui ſe voyant preſſé par ſon maiſtre de luy rendre un compte exact du bien qu'il luy avoit donné à gouverner, & ſe voulant ménager des retraites quand il ſeroit dépoüillé de ſon office, s'aviſa de cette tromperie: Il envoya chercher les creanciers de ce pere de famille, & dit à l'un d'eux, combien devez-vous à mon maiſtre? *Quantum debes domino meo?* Je dois, répondit-il, cent meſures d'huile: *Centum cados olei*; nombre de perfection, nombre attaché à l'état des Vierges, qui doivent rendre le centiéme au pere de famille: *Centeſimum Virginum*: donnez vôtre contract, repliqua cet Intendant infidelle, & au lieu de cent barils d'huile que porte vôtre obligation, écrivez cinquante, qui eſt un nombre d'indulgence & de remiſſion, & qui n'eſt d'aucun état: *Accipe cautionem tuam, & ſcribe quinquaginta*, ainſi des autres debiteurs. Sur quoy l'on doit obſerver, que tous les fidelles partagez en trois claſſes ſont tenus de rapporter le fruit proportioné à leur état, le trentiéme, s'ils ſont engagez dans l'état de mariage; le ſoixantiéme s'ils ſont dans celui de la viduïté; le centiéme, s'ils ſont dans celui de la virginité: il faut qu'ils aillent là, ce qui eſt au deſſous ne paroiſſant point devoir entrer dans le grenier du pere de famille; mais quelle huile peut verſer le faux docteur dans la lampe d'une

Vierge relâchée qui le consulte, & qui souvent aveuglée par son amour propre, luy déguise son estat miserable, sinon l'huile d'une fausse compassion? Il la flate dans ses desordres, il la trompe sans s'en appercevoir quelquefois luy-même; il l'assure que ses dispositions sont bonnes, que sa pieté est suffisante, qu'elle peut demeurer en repos, qu'il prend cela sur luy, que le Seigneur n'est pas si rigoureux, qu'il y a plusieurs demeures dans la maison du Pere celeste, & plusieurs degrez de perfection dans la vië spirituelle, qu'il croit qu'elle observe suffisamment ses vœux, que son âge, sa santé, les affaires de son Monastere ou de sa famille la dispensent assez de l'observance scrupuleuse de la clôture & de la regle, sans parler des permissions, helas! souvent mal obtenuës: telle est l'huile prophane que ces marchands seculiers vendent aux Vierges folles, toutes éloignées qu'elles soient de la sainteté que leur etat & leur regle demandent d'elles. C'est pourquoy l'heure de la mort estant arrivée, & la presence du juste Juge se faisant déja sentir, elles voyent leurs lampes s'éteindre, toutes les raisons humaines disparoître, & l'huile des bonnes œuvres défaillir. Dans cette extremité déplorable elles ont recours aux Vierges sages, dont les lampes lumineuses regorgeoient de cette liqueur mystique: *Prudentum quidem lampades bonorum operum oleo irrigabantur*, & brûloient d'un feu qui ne devoit jamais s'éteindre, dit S. Jerôme; feu que la puretéde conscience entretenoit, que l'éclat de la sainteté répandoit, que l'ardeur de la charité embrasoit, ajoûte S. Augustin: *Sapientium lampades ardebant de oleo æterno, de conſcientiæ ſecuritate, de interiore gloria, de intima charitate.* Donnez nous, leur diſent elles, de vôtre huile : en quoi elles ne cherchoient, ſelon leur coûtume, qu'à reluire d'une clarté empruntée, & qu'à s'attirer la loüange dûë à autrui, comme obſerve ce Pere : *Hoc quærebant quod conſueverant, id eſt, alieno lumine lucere, & ad alienas laudes ambulare* : D'où vient, leur repliquerent les ſages, que vous ne vous adreſſez pas plûtôt à ceux deſquels juſques icy vous en avez acheté au prix d'une fauſſe confiance, & qui vous en ont vendu au prix d'une molle condeſcendance ? *Ite potius ad vendentes* : Ce qui, ſans doute n'eſt pas un conſeil ſerieux qu'elles leur donnent, continuë ce Saint, mais un ſecret reproche qu'elles leur font, *non conſilium dediſſe putandæ ſunt, ſed crimen earum ex obliquo commemoraſſe*, de ce qu'au mépris des Conducteurs éclairez qu'on leur avoit offerts, des bons exemples qu'on leur avoit donnez, des maximes ſûres qu'on leur avoit prêchées, elles avoient voulu recourir à des exemptions mendiées de la Regle, à des diſpenſes pretextées de leurs plus étroites obligations, aux ſentimens relâchez de Docteurs inexperimentez, ou commodes, & dont pour les aller conſulter, elles ne ſçavoient que trop l'adreſſe & le chemin, que les Vierges ſages ignoroient, dit Saint Chryſoſtome : *Qui ſint illi vendentes ignorant prudentes Virgines, nunquam huic commercio aſſuefactæ.*

L'on peut ajoûter icy que la vertu des ſages parut particulierement, en ce qu'elles ſupporterent patiemment les grands défauts & les mauvais exemples des

Vierges folles, & qu'elles vécurent en concorde avec de tels esprits dans une même Communauté, sans qu'on voye qu'elles y ayent causé aucune division ou dissension, ni qu'elles se soient relâchées de leur regularité: or si d'être bon avec les bons, ne laisse pas d'avoir son merite, que sera-ce d'être bon parmy les méchans dit saint Gregoire ? Comme au contraire, quel jugement ne s'attirent pas ceux qui sont méchans parmi les bons ? *Neque enim valdè laudabile est bonum esse cum bonis; sed bonum esse cum malis: sicut enim gravioris est culpæ, inter bonos bonum non esse; ita immensi est preconii bonum etiam inter malos extitisse.* Quelle gloire donc pour celles-cy, d'avoir esté sages parmi des folles, d'avoir esté humbles parmi des superbes, recueillies parmi des dissipées, douces parmi des emportées, silentieuses parmi des tumultueuses, pacifiques avec celles qui haïssoient la paix, sans que la lueur de leur lampe ait esté jamais offusquée par l'épaisseur des tenebres de leurs compagnes, ni éteintes par le vent des contradictions dont sans doute elles les affligeoient. Au contraire les Vierges folles estoient si convaincuës de la charité des Vierges sages, que malgré la vie de celles-cy, qui estoit une condamnation continuelle de la leur, elles se confioient d'en pouvoir obtenir une partie de l'huile de leurs bonnes œuvres pour se les approprier, s'il eût esté possible, *date nobis de oleo vestro.*

L. 1. in c. 1. Job.

Les Vierges folles rebutées donc avec justice de leurs saintes Compagnes, & revenuës de chez leurs Marchands en qui elles avoient mis leur trompeuse confiance, & leur derniere ressource; que leur restet-il, sinon de crier à la porte de l'Epoux qu'elles trouvent fermée : Seigneur, Seigneur, ouvrez-nous, disent-elles? mais duquel elles ne reçoivent que cette désolante réponse : Je ne vous connois point, & je ne vous connois point, parce que vous ne me connoissez point, continuë saint Augustin, *nescio vos, quia nescistis me.* Vous êtes Vierges, il est vray, mais vous n'avez pas la dot de mariage, c'est-à-dire, la richesse des bonnes œuvres : *Virgines quidem estis, sed dotem non habetis bonorum operum opulentiam.* Vous êtes Vierges, il est vray, mais vous n'avez pas les ornemens & les atours convenables à des Epousées; c'est-à-dire, l'eclat resplendissant des vertus : *Virgines estis, sed nuptiali mundo exornatæ non estis.* Vous aviez des lampes à la main, pour introduire l'Epoux au banquet nuptial, il est vray; mais vos lampes se sont éteintes, faute de l'huile abondante de la perseverance dans le bien, & n'ont laissé aprés elles que de la mauvaise odeur & de l'obscurité : *Non habetis lumen indeficiens, nec opera perpetua.* Tout cecy est de saint Chrysostome & de saint Jerôme.

S. Aug. ep. 120. c. 35.

Icy, continue le premier, je rougis pour la Religion, quand de dix Vierges, j'en vois cinq qui se perdent; quand je vois que ces imprudentes ayant vaincu le vice le plus difficile à surmonter, c'est-à-dire, le vice opposé à la chasteté, succombent indignement aux efforts des moindres ennemis de leur salut : *Quamobrem & stultæ appellatæ sunt, nec injuria, quod eâ cupiditate cujus vis major est superata, ei quæ debilior est succubuere.* Je ne puis considerer la confusion & la perte de ces infortunées, sans répandre des larmes : quoy donc, aprés avoir tout quitté pour Jesus Christ, aprés avoir vécu sur la terre comme les Anges vivent dans le Ciel, aprés avoir resisté à je ne sçai combien de tentations violentes & frequentes, pour la conservation d'un si grand trésor que celuy de la virginité, aprés avoir éteint en elles le feu d'une passion aussi effrenée que celle de la convoitise de la chair, aprés tant de victoires remportées sur un si redoutable adversaire, & sur elles-mêmes, succomber à de si legeres tentations, quel déplorable aveuglement, quelle folie? *Pudet me, rubore suffundor, atque lacrymor fatuam Virginem dum audio, nimirùm post tantam virtutem strenuè navata virginitati opera, corpore in cœlum erecto, concertantibus cum supernis potestatibus studiis, exantlato labore libidinis prostrato camino.* Car la chasteté ne se conserve pas autrement. *Tum fatuæ, ac meritò fatuæ, quòd peracto quod majoris erat, eo quod minoris fuerint superatæ.*

Quelles lamentations ne font pas les Peres, non seulement sur la perte d'une telle multitude de Vierges, mais sur la chûte d'une seule! Ecoutez-moy, s'écrioit saint Ambroise dans un si triste malheur, écoutez moy, vous tous qui craignez le Seigneur, écoutez-moy, vous qui vivez avec nous, vous qui vivrez aprés nous, *audite me nunc, qui propè estis, &c.* & gémissez avec nous, s'il est vray que vous preniez part aux interests de Jesus-Christ, à la joye & à la tristesse de son Eglise, *& Ecclesiæ ejus gaudio congaudetis, & tristitiæ conlugetis.* Une Vierge illustre, une Vierge consacrée à l'Epoux des Vierges, une Vierge sage, une

Vierge éclairée : *Virgo nobilis, dicata Chriſto, ſapiens, erudita* ; une Vierge être tombée dans l'abîme d'un peché honteux, *ruit in foveam turpitudinis* ; Une Vierge s'être ainſi deshonorée, & avoir ainſi deshonoré le Corps myſtique du Fils de Dieu, *ſe perdidit, & Eccleſiam maculavit* ; Une pierre precieuſe, avoir été jettée aux Chiens & aux Pourceaux, *Canibus & Porcis.* O Vierge, veritablement folle, je m'adreſſe à vous, *ad te ergo nunc ſermo* : Vous étiez une heureuſe Habitante du Paradis, une fleur odoriferente de ce Parterre de delices, une Epouſe choiſie de Jeſus-Chriſt, un Temple du Dieu vivant, un Tabernacle du Saint Eſprit : *Eras Virgo in Paradiſo Dei, inter flores Eccleſiæ eras Sponſa Chriſti, eras Templum Dei, eras habitaculum Spiritûs Sancti* ; & maintenant, helas ! qu'êtes-vous devenuë ? Helas ! que deviendrez-vous ? ſur tout quand l'Epoux viendra à l'heure de la mort, & que vôtre lampe s'éteindra, n'ayant ni l'huile ſacrée des Vierges ſages, ni l'huile prophane des Marchands flateurs, dont vous avez bien voulu être abuſées, & qui vous abandonneront pour lors ; car il n'eſt point écrit, que les Vierges folles ſoient revenuës de chez les Marchands avec de l'huile, ni avec leurs Lampes allumées, parce que dans cette derniere heure, les faux Docteurs & les fauſſes Doctrines diſparoiſſent, & les pretextes colorez s'evanoüiſſent en preſence de la verité, comme le remarque Saint Auguſtin : *Non enim dictum eſt quòd emerint oleum, & ſecum portaverint, & ideo intelligendæ ſunt nullo jam remanente de alienis laudibus gau-*

dio, in angustiis & magnis afflictionibus redire ad implorationem Dei, sed magna ejus est severitas post judicium, cujus ante judicium ineffabilis misericordia prærogata est. Alors les Vierges folles dégradées du titre honorable qu'elles portoient d'Epouses de Jesus-Christ : Seigneur, Seigneur, disent-elles, ouvrez-nous, *Domine, Domine, aperi nobis* : Cette clameur réïterée de Seigneur, Seigneur, le doux nom d'Epoux n'étant plus pour elles, montre leur extrême angoisse, de se voir excluës de cette maison nuptiale, dont elles demandent avec instance qu'on leur ouvre la porte : *Ecce aperiri clamant*, dit Saint Gregoire, *& repulsionis suæ dolore compulsæ appellationem dominantis ingeminant, dicentes : Domine, Domine, aperi nobis* : mais inutilement, car il n'y a plus d'Epoux pour elles ; ce Seigneur invoqué, proteste qu'il ne connoît ni leur personne, ni leur voix, *preces offerunt, sed nesciuntur.* Et avec raison, parce que le Seigneur ne connoît point à la mort comme siens, ceux qui ne l'ont pas connu pendant leur vie comme leur : *Quia tunc velut incognitos Dominus deserit quos modò suos per vitę meritum non agnoscit.* Et c'est ainsi, ô malheur! que la porte de la Sagesse éternelle sera pour toûjours fermée aux Vierges folles, *& clausa est janua.*

Que le fruit de cette Parabole des Vierges consiste donc à ce qu'elles ayent à ceindre leurs reins, à tenir dans leurs mains les Lampes allumées, à se faire un tresor de merites, & à vivre dans la continuelle attente du Celeste Epoux, ne sçachant ni le jour ni l'heure de son arrivée.

Aoust 1712.

www.ingramcontent.com/pod-product-compliance
Ingram Content Group UK Ltd.
Pitfield, Milton Keynes, MK11 3LW, UK
UKHW020415180726
13839UKWH00003B/1322

9 782329 560908